本著作系中国劳动关系学院学术论丛资助项目

先进文化传播文库

Xianjin Wenhua
Chuanbo Wenku

职工权利维护与
大众传媒的关系研究

以传播赋权为视角

张玉洪｜著

光明日报出版社

图书在版编目（CIP）数据

职工权利维护与大众传媒的关系研究：以传播赋权
为视角 / 张玉洪著 . -- 北京：光明日报出版社，
2020.4

ISBN 978 - 7 - 5194 - 5650 - 4

Ⅰ.①职… Ⅱ.①张… Ⅲ.①大众传播—传播媒介—
关系—劳动权—保护—研究—中国 Ⅳ.①G219.2
②D922.504

中国版本图书馆 CIP 数据核字（2020）第 041012 号

职工权利维护与大众传媒的关系研究：以传播赋权为视角
ZHIGONG QUANLI WEIHU YU DAZHONG CHUANMEI DE GUANXI YANJIU：
YI CHUANBO FUQUAN WEI SHIJIAO

著　者：张玉洪

责任编辑：曹美娜　黄　莺　　　　　责任校对：龚彩虹
封面设计：中联学林　　　　　　　　特约编辑：张　山
责任印制：曹　净

出版发行：光明日报出版社
地　　址：北京市西城区永安路 106 号，100050
电　　话：010-63139890（咨询），010-63131930（邮购）
传　　真：010 - 63131930
网　　址：http：//book. gmw. cn
E - mail：caomeina@ gmw. cn
法律顾问：北京德恒律师事务所龚柳方律师

印　　刷：三河市华东印刷有限公司
装　　订：三河市华东印刷有限公司
本书如有破损、缺页、装订错误，请与本社联系调换，电话：010-63131930

开　　本：170mm×240mm
字　　数：128 千字　　　　　　　　印　　张：12
版　　次：2020 年 4 月第 1 版　　　印　　次：2020 年 4 月第 1 次印刷
书　　号：ISBN 978 - 7 - 5194 - 5650 - 4

定　　价：78. 00 元

目　录
CONTENTS

绪论　从传播赋权角度研究中国职工权利

——基于中外相关论述

自有劳动关系存立以来，职工①权利的侵犯与维护就相应而生。中国作为发展中国家的一员，职工（尤其是工人）基数巨大，加之正处于转型期外加全球化的影响，职工权利维护难题显得尤为突出。如何在维护社会稳定、协调发展与职工维权之间保持平衡，理应成为研究课题。

1978 年改革开放以来，中国大多数职工实际遭遇了两大变迁：1. 身份的变化。1993 年《中共中央关于建立社会主义市场经济体制

---

① 目前，对"职工"的概念界定并不统一。比如统计学上的职工，是指在国有经济、城镇集体经济、联营经济、股份制经济、外商和港澳台投资经济、其他经济单位及其附属机构工作，并由其支付工资的各类人员，不包括返聘的离退休人员、民办教师，在国有经济单位工作的外方人员和港澳台人员（参见全总研究室编：《中国工会统计年鉴 2003》，中国统计出版社 2006 年版，P59）。根据 2001 年修订的《中华人民共和国工会法》，职工是指"在中国境内的企业、事业单位、机关中以工资收入为主要生活来源的体力劳动者和脑力劳动者"。这一界定则是广义上的职工，包括职员和工人。本报告中的职工，是指广义上的职工。2017 年官方数据显示，我国产业工人有 2 亿左右，农民工占六成左右。本报告中的职工，自然也包括产业工人中的农民工。

若干问题的决定》提出要进一步转换国有企业经营机制，建立适应市场经济的现代企业制度，国企改革由此实施。下岗工人成为新群体：国有企业职工下岗再就业，大多进入非国有企业。2. 全球化的冲击。"三资企业"的成立，外向型经济模式与加入WTO，既改变了企业类型的比重（民营、私营、外资企业增大），同时，职工身份也呈现多样化：正式工、合同工、临时工。1992年以后，农民工则成为职工队伍中的生力军①。职工的合法权利面临巨大挑战，相关的纠纷也密集出现。

与此并行的是，中国的媒体生态也发生了大的变化：1. 媒体类型从单一走向多元。20世纪90年代都市报的崛起，卫视频道的增加、城市地面频道的开播，以及手机、网络媒体的出现，持续改变着传媒的生态；2. 信息生产与传播方式的变化。一方面，因网络论坛、博客、微博和微信的出现，信息生产的主体开始多元化。另一方面，信息传播渠道的丰富性也呈现出来，从传统的读报听广播看电视，增加了上网和用手机看新闻等新途径。

职工权利的维护往往与大众传媒的关系密切。一方面，大众传媒是党和政府的耳目喉舌，也是人民群众的耳目喉舌，理应充当职工权利维护的平台；另一方面，职工也可以通过接触、使用大众传媒，争取自己的权利。

现有的研究中，不少成果都涉及上述议题。在我们看来，以传

----

① 国家统计局官方数据，中国大陆2013年总人口13.6亿人，其中经济活动人口7.93人，而经济活动人口是指在16周岁及以上，有劳动能力，参加或要求参加社会经济活动的人口。包括就业人员和失业人员。2014年5月12日发布的《2013年全国农民工监测调查报告》则显示，2013年全国农民工总量为2.68亿人。

播赋权的角度来观照中国职工权利，是非常独特的角度，亦有其独特价值。

一、赋权理论：缘起与基本概念

赋权①（empowerment）源于社会工作学。它是一个极富启发力和生命力的概念。其相关研究，始于社会工作领域，后被社会学、政治学、传播学等领域广为引用和丰富。赋权理论诞生的标志性成果，是 1976 年美国哥伦比亚大学学者所罗门（Solomon）对该国黑人族群的相关研究。黑人族群作为美国社会的少数种族，长期受到不公正待遇和歧视，处于社会权力场域中的弱势地位。因此所罗门提出应通过有意识的社会工作，促使该群体的个体自我觉醒，通过参与社会行动来改变其无权局面。

有学者在总结了大量的西方文献后，引用 Simon 的阐述，指出了这一理论的社会和哲学思想渊源：新教革命；商业和工业资本主义；杰弗逊式民主；先验论；乌托邦社区；无政府主义；扩展中的公民权观念②。

不过，赋权并没有一个统一的定义。古铁雷斯（Gutirez）等研究者发现，赋权基本上被描述成一个目标、一个过程、一种介入方式。因此，增权既是一种理论，又是一种实践，它关注的是那些遭受无权和压迫的个人、家庭或社区，受到了怎样的影响；增权的目标不应是帮助案主消极地应付和适应现状，而是积极地切实改变不

---

① 亦有研究者译为增权、充权或赋能。在引述相关研究成果时，本报告沿用其原文中的叫法。

② 陈树强. 增权：社会工作理论与实践的新视角 [J]. 社会学研究，2003（5）.

利局面，在个人能力、人际网络和社会权益方面获得实质上的改善；在增权的过程中，案主需要发展相应的意识和能力，包括个体层面的自尊、自强意识，群体层面的组织协助意识，以及自我效能提升等多个方面；增权中可以借助外部指导力量，通过一些介入方法和具体技巧，帮助案主与他人建立相互信任、权力分享的互助关系，发现自身的长处和要解决的核心问题①。

那么，赋权的权，到底是权力，还是权利？这在学界是有争议的。有学者认为，赋权所赋的对象应该是权利而不是权力；然而，也有学者认为增的是权利。

比如，有学者认为，从"增"字上来看，增权强调的是一种动态（权力）而不是静态（权利），强调的是对主体权力意志的唤醒。因此，增权应该主要指从人本身的能动性出发，唤醒其权力观念，增加其权力和能力②。

但这样的看法，实则是混淆了权力与权利。

权力是一个政治概念，一般是指有权支配他人的强制之力，它总是和服从联结在一起。任何社会都是一定的权力和一定的服从的统一。权力有两层含义：一是政治上的强制力量，如国家权力，就是国家的强制力量，像立法权、司法权、行政权等；二是职责范围内的支配力量，它同一定的职务相联系。

权利则是一个法律概念，是宪法和法律赋予公民享有的某种权益。这种权益可以表现为权利享有者有权自己做出或不为一定的行

---

① 高传智. 增权理论视角下的新生代农民工自媒体传播研究探讨 [J]. 中国劳动关系学院学报，2017（6）.
② 张云昊. 增权："农民工讨薪"案例的分析及其启示 [J]. 青年研究，2005（9）.

为，财产所有人在法律允许的范围内，可以占有、使用和处分自己的财产；也可以表现为权利享有者有权要求他人做出一定的行为或抑止一定的行为。当然，权利和义务相对应而存在。

因此，我们认为，赋权中的"权"，应为权利，它与每一个公民都相关。比如，按照宪法和法律规定，中国公民有政治权利、民主权利、人身权利、经济权利、受教育权利等。当这些权利受到侵犯甚至非法剥夺时，就需要通过内力或外力来赋权。

对职工来说，此处的权利则主要指"劳动权利"。劳动权利是劳动人权在劳动活动过程中的重要原则，使劳动者在劳动关系中享有其应有的基本权利，乃尊重劳动的必然意蕴。劳动权利是多方面的，它至少包含两个层面的内容：一是获得劳动机会和劳动保障的权利；二是获取劳动回报的权利①。

此外，赋权的主体是谁？从字面上，我们容易产生一种误解，即政府部门、社会组织或个人对权利缺失者或受损者进行赋权。其实，这不过是赋权的一面而已。

有研究者综合国内外的研究提出了赋权的两种模式和三个层次：两大模式是个体自身的主动增权和外力推动的增权；三个层次指个体层面的增权、人际关系层面的增权和社会参与层面的增权。在具体的增权途径上，在个体层面，可以运用社会工作的个案和小组工作方法，唤醒其正确的归因意识，纠正其心理和行为偏差，激起其自我的能动性；在人际关系层面，可以通过社会工作机构和中介服

---

① 何云峰，张蕾. 关于劳动人权的四个理论视角 [J]. 西南大学学报（社会科学版），2017（4）.

务，帮助其扩大人际交往的范围和层次；在社会参与层面，可以依靠社会工作者的专业指导，运用社区工作方法和社会行动技巧，帮助其通过有序合法的集体行动，合理合法地争取自身的权力和权利，并努力影响自己所处的社会环境及社会政策①。

总的说来，赋权理论虽然源起于美国社会工作，以助力黑人这一弱势族群为发端，但它在其他领域的适用性也是显而易见的。赋权是理论，也是实践，主要着力于个人或群体权利的恢复与增加，而其主体并非只是来自外在，赋权对象自身（个人或群体）亦是赋权的主体。

二、传播赋权：研究职工权利的新角度

传播赋权，是指个人或群体经由信息的公开传播，获得受损或失去的法定权利。赋权的主体包括政府部门、社会组织和个人。对职工来说，其法定权利主要包括生存权（获得报酬的权利）、身体健康权（包括休息权）和民主参与权，对应的分类分别为经济权利、人身权利和政治权利。

信息传播为何能赋权？美国政治学家哈罗德·拉斯韦尔在1948年发表的《传播在社会中的结构与功能》一文中给出了答案。他将传播的基本社会功能概括为以下三个方面：环境监视功能、社会协调功能、文化传承功能②。也就是说，信息传播不仅是社会良性运行的"守夜人"，同时也是联系社会各部分的重要中介。

---

① 范斌. 弱势群体的增权及其模式选择［J］. 学术研究，2004（12）.

② Lasswell, H. D. *The structure and function of communication in society*［M］//L. Bryson（Ed.）. *The communication of ideas*. New York：Harper and Row, 1948：37 - 51.

就职工权利来说，信息传播不仅能及时披露存在的问题，还能动员各方力量，以维护职工合法权利。这也呼应了赋权的本义：除了发现问题，还要解决问题。

（一）传播赋权职工的方式

通过信息传播实现职工赋权有多种方式，若进行简单划分，可分为外在力量赋权和自身力量赋权两种。但值得提出的是，媒介，尤其是大众传媒（包括新媒体）是不可或缺的中介。

在实践中，对职工权利的维护中，传播赋权的方式有多种：1. 新闻工作者在报道中主动关注职工群体，反映其困难和需求，促进其权利实现，促进社会的公平；2. 社会机构或社会人士（如专家学者、摄影师、公益人士等）以图片、文字、影像等多种媒介形式，通过媒体传播反映职工群体现实生活，有助于职工群体增权赋能的报道活动；3. 职工群体"自我赋权"，即以新闻稿件（文字、图片故事、音频视频等）、文学作品、文艺活动和实际行动等形式通过自媒体（如自办网站、博客等）表达权利诉求，引发公众关注的增权赋能活动。

应该说，上述三种方式都很常见，相关的实践和研究已有不少。其中的第一种方式是媒体作为外在力量，积极介入职工权利议题，从而形成舆论压力，旨在解决问题。

在现有的研究中，中国职工（尤其是工人）在媒体上的再现

（Representation）① 相关成果颇多。研究工人（包括农民工）的媒介形象的成果密集②。研究样本中的很多报道实则都与职工权利有关，不失为一种观察职工真实境况的途径。

比如通过对《工人日报》1979—2008 年中有关工人议题的报道进行内容分析，有研究者发现"下岗再就业/扶贫济困"和"生活条件/福利待遇"两主题是报道量最大的工人主题，占总量的一半以上（53.2%）；其次是"工作条件/劳动环境"（17.1%）；而"企业民主"（15.6%）和"企业改革"（9.1%）明显偏少，两者之和仅占不到四分之一③。虽然"生活条件/福利待遇"关涉工人权利，但该研究仅作了简单的数据统计，未进行详细分析，且样本仅局限于《工人日报》。

同样是对职工的报道，不同媒体类型却有所不同。有研究显示，在对 1995—2011 年《人民日报》《工人日报》和《南方都市报》工

---

① "再现"（Representation）是文化研究的一个重要概念，在当代文化研究领域占据了越来越中心的位置。按斯图亚特·霍尔（1997）的观点，"再现"是提通过语言文字进行的一种意义生产。在所谓的"真实世界"里，语言文字运用象征符码代表或旁及对象、人和事件。参见：Hall, S.. The Work of Representation [M] //Hall, S., （ed.）. Representation Cultural Representations and Signifying Practices. London：Sage，1997：15. 本文所称"再现"，取狭义概念，指媒体通过新闻报道对所报道的对象进行主观建构。

② 比如在学位论文方面，有孙丽君. 被言说的他者——社会哲学视野下中国媒体中的工人形象 [D]. 桂林：广西师范大学，2008；李月起. 城乡统筹背景下农民工媒介形象研究——以《重庆日报》、《南方周末》、《华西都市报》为例 [D]. 重庆：重庆工商大学，2011；周小游. 《人民日报》新生代农民工媒介形象研究 [D]. 湘潭：湘潭大学，2013. 期刊论文方面，有苏林森. 工人群体的媒介形象与话语表达——基于《人民日报》和《华西都市报》工人报道的内容分析 [J]. 中国劳动关系学院学报，2012 (4).

③ 夏倩芳，景义新. 社会转型与工人群体的媒介表达——《工人日报》1979—2008 年工人议题报道之分析 [J]. 新闻与传播评论，2008 (1)：174-181.

人报道进行内容分析后，发现党报对工人的正面报道多出于关怀和爱护，市场化报纸在报道工人议题时则是负面揭露和受难叙事。2003 年后，报道的负面倾向增强①。

此外，一些研究则聚焦地方性报纸的农民工报道。一课题组选择了一家省级党报和一家省级都市报，采用内容分析法对这两家纸质媒体四年内的农民工报道进行内容分析（党报239 篇，都市报226 篇），发现媒体在处理农民工题材的新闻报道时，多以追求其中的矛盾冲突为最大目的，而非着眼于问题的真正解决。农民工议题的媒介呈现则多以求职与就业、劳资关系与纠纷、生产事故或灾难等问题的形式出现。农民工的利益诉求被简化为经济利益诉求。这样的报道占据了总报道量半数以上的比例，而对农民工的政治表达、文化教育诉求等较少涉及②。

针对广州的多家报纸（包括党报和都市报）上的农民工报道进行量化分析后发现，农民工这一群体的正面形象的再现是缺失的，并没有反映农民工真实的生存状态。无论是"受难&负面"叙事，还是"受难&受保护"叙事，削减了产制社会理解和同情的可能性③，但研究并未对"受难"进行细化分析。

在上海城市新移民的报道中，农民工是被报道最多的新移民群

---

① 苏林森. 被再现的他者：中国工人群体的媒介形象 [J]. 国际新闻界，2013 (8).
② 郑素侠. 传媒在弱势群体利益表达中的角色与责任——基于中层组织理论的视角 [J]. 新闻爱好者，2012 (12下半月).
③ 李艳红. 一个"差异人群"的群体素描与社会身份建构：当代城市报纸对"农民工"新闻报道的叙事分析 [J]. 新闻与传播研究，2006 (2)；李艳红. 新闻报道常规与弱势社群的公共表达——广州城市报纸（2000—2002）对"农民工"报道的量化分析 [J]. 中山大学学报（社会科学版），2007 (2).

体（占 24.1%），作为受难者叙事的重要组织，"工伤事故、工资拖欠、患病、煤气中毒、被强奸/被迫卖淫等"成为报道主题①，但未对具体报道进行分析。在上海市新生代农民工新媒体使用与评价的实证研究中，"帮助打工者维护自己的合法权益"和"提供打工方面的政策法规服务"两项，新生代农民工对传统媒体表现的评价均高于新媒体②。

西方学者也关注到媒体对中国职工维权的重要性。有研究者认为，"中国工人抗争一个惯用的策略是让报纸、杂志等媒体关注他们的行动，吸引公众的注意力并从中获得同情。"③

除媒体主动介入职工权利议题外，第二种传播赋权的方式是社会机构或社会人士（如专家学者、摄影师、公益人士等）以图片、文字、影像等多种媒介形式，通过媒体传播反映弱势群体现实生活，有助于弱势群体增权赋能的报道活动。

有研究者注意到："党内老左派、新左翼学者、工人阶级知识分子与分化出来的部分新闻媒体记者所组成的左翼知识界，通过相关的'另类'传播等方式——例如冯象等人对外企或国企工人抗议行动的解释，汪晖 2005 年关于国企改制的调查报告以及 2014 年与深圳富士康、北京外来务工人员之间的对谈并在此基础上提交的人大

---

① 周葆华，吕舒宁. 城市新移民的媒体形象、表达与标签——上海报纸中的"新上海人"报道内容分析（下）[J]. 新闻记者，2011（5）.

② 周葆华，吕舒宁. 上海市新生代农民工新媒体使用与评价的实证研究 [J]. 新闻大学，2011（2）：145 – 150.

③ Ching Kwan Lee（李静君）. *Pathways of Labor Insurgency* [M] // Elizabeth J. Perry and Mark Selden（eds.）. *Chinese Society，Change，Conflict and Resistance*. London：Routledge，2000：50.

提案，潘毅团队对富士康公司等境外资本压迫工人超负荷劳动的调查，并创办微信公众账号与线上杂志《新生代》《破土》，赵志勇组织的以家政女工为主体的地丁花剧社82等，展现了在葛兰西意义上重构知识分子与工人阶级有机联系的可能性。"①

上述"另类"传播，不过是另一种外力介力职工权利议题，实现赋权职工的目的。之所以"另类"，是因为发起者是社会机构或社会人士，他们与议题不一定有相关利益，其所作所为也未见得是工作的必须。但值得注意的是，相关的内容仍然是经由大众传媒而广为人知。

江苏通裕纺织集团改制致职工权益受损就是一个好案例。2005年，清华大学教授汪晖等人亲赴扬州调查，并于2006年发表名为《改制与中国工人阶级的历史命运》的调查报告，继而北京法律界和经济学界的介入，多家媒体报道②，使得这一国企改制在外界的关注中被放大了。

同样，香港理工大学的潘毅教授自2010年起联合海峡两岸暨港澳地区的研究者，持续不断地对富士康进行调研。除相关成果经媒体广布天下外，她还通过写媒体专栏、接受媒体访问等方式，把研究成果和观点呈现给公众。

---

① 赵月枝，吴畅畅. 网络时代社会主义文化领导权的重建——国家、知识分子与工人阶级政治传播 [J]. 开放时代，2016 (1).

② 最具代表性的是《中国新闻周刊》2006 年第 40 期，有三篇报道与通裕改制有关。

通过信息传播向职工群体赋权的前两种方式，以议程设置角度①来看，第一种方式是以传媒机构及其所属的新闻工作者主导，而在第二种方式可以说是由社会机构或人士策动，传媒机构及其所属的新闻工作者助力。这两种赋权的方式，对职工群体而言，主体都是外在力量。

第三种方式则是职工群体"自我赋权"，即以新闻稿件（文字、图片故事、音频视频等）、文学作品、文艺活动和实际行动等形式通过自媒体（如自办网站、博客等）表达权利诉求，引发公众关注的增权赋能活动。

与前面两种方式不同，这种方式则是以职工群体为赋权的主体，也是议程设置的主导力量。在职工与传媒的关系中，很多时候职工是被关照的对象：他们被发现、被报道、被评论，从而被形塑，但这与他们本来的面相和愿望未见得完全一致。因此，职工也通过自主的方式，通过吸引媒体关注，或自建媒体渠道与公众见面。而在这新媒体勃兴的当下，从技术上更容易实现。

正是因为有了自媒体，从而实现了职工权利诉求传播渠道的自主化。其中，比较典型的是中国劳动维权网、新工人网等劳工网站。这些网站大多都是劳工机构（多是劳工 NGO）发起的。比如中国劳动维权网由深圳市春风劳动争议服务部主办；新工人网是由北京同心互惠科贸公司（社会企业）主办，2011 年 10 月 1 日正式开通，

---

① 1972 年，麦克姆斯和肖提出了议程设置理论，该理论认为大众传播往往不能决定人们对某一事件或意见的具体看法，但可以通过提供给信息和安排相关的议题来有效地左右人们关注哪些事实和意见及他们谈论的先后顺序。大众传播可能无法影响人们怎么想，却可以影响人们想什么。

其官网宣称其宗旨是"以务实的态度，倡导以劳动者为主体的公平、正义、公益的社会发展"。

这些职工主题网站大多集合了职工资讯、咨询服务和论坛等多重服务。有的还提供博客等服务。这些网站大多有微博或微信帐号，从而实现信息转发与互动的便捷性。因为这些网站的公益性和职工本位，所以事实上在不同程度上成为职工的耳目喉舌。

技术的进步确实带来了平权的可能，至少低廉、便捷的互联网为职工发声提供了重要平台。同时，互联网也是职工实际行动的重要动员工具。比如2010年上半年17个城市中的40多个外资企业发生了工人罢工。这些罢工有一个突出的特征，"就是工人利用网络和手机进行动员。与他们的父辈不同的是，青年工人是使用电子技术的一代。网络、手机和QQ伴随着他们的成长。至少在东部沿海地区的农民工中间，一种活跃的工人阶级的电子文化已经形成。2010年的罢工，是有组织的工人大规模使用网络的第一次尝试。使用电子技术的新一代青年工人，他们举起手机拍摄照片或者发送短信，传播着他们的抗争。"[1] 有研究者也注意到，2010年5月南海本田车厂的罢工，不仅成功地促成了工资集体协商，也提出了改组和民主选举工会的要求。"得益于互联网技术的发展，信息、舆论以更加低成本和便捷的方式传播，弥补了维权运动组织资源不足的缺陷，极易将维权力量迅速聚合与发动。"[2]

那么，互联网对职工集体行动的动员机制是怎么样的？有研究

---

[1] 杨国斌. 连线力：中国网民在行动 [M]. 邓燕华，译. 桂林：广西师范大学出版社，2013：239 - 240.

[2] 乔健. 劳动者群体性事件的发展和特点 [J]. 中国改革，2010 (7).

者通过对 2010 年珠江三角洲三个罢工事件的案例分析，认为中国新工人在形塑认知和促进集体抗争中的动员内外力量等方面可能的作用机制为："通过认知与情感动员提升参与意愿和集体团结；借助网络组织动员确保运动有序理性高效；动员外部力量以改变政治机会结构避免镇压；提供罢工范例以便参照学习模仿。但这些只是可能路径，互联网对于劳工集体抗争的最终作用还离不开现有'国家—社会'关系下工人对其创造性的利用。"①

除了新闻信息传播和行动动员外，职工也可以通过文艺作品或文艺活动来实现自我赋权。近年来，涌现了不少"打工诗人"，比如郭金牛、郑小琼和许志永等。尤其是许立志创作的关于富士康工人境况的诗歌，因其于 2014 年 10 月 1 日坠楼身亡，其人其诗被大量媒体以及网络传播。在富士康那样紧迫的工作环境下，他写下了近200 首诗。不过，许立志生前诗歌主要通过网络传播。他的代表作《我咽下一枚铁做的月亮》就是权利的呐喊之歌②。通过文艺作品和文艺活动，孙恒、王德志、许多等人创办的"工友之家""新工人艺术团"和"打工春晚"，把劳工的苦与乐艺术化地呈现在公众面前。在"工友之家"的官方网站上，大量原创的工人歌曲可供收听和下载，还可在线观看历年"打工春晚"的视频。在一些歌曲和节目中，维权主题明显。其中，最典型的是孙恒创作并演唱的《团结一心讨工钱》。

总的说来，就信息传播对职工的赋权而言，在三种方式中，传

---

① 汪建华. 互联网动员与代工厂工人集体抗争 [J]. 开放时代，2011 (11).
② 部分诗句："我咽下一枚铁做的月亮/他们把它叫作螺丝/我咽下这工业的废水，失业的订单/那些低于机台的青春早早夭亡……"

统媒体与新媒体有时分立，有时合力。有研究者发现，新媒体事件不排除传统大众媒体介入，"虽然介入结果经常难以预测……新技术手段背后，其实是一种新的多形态参与式传播模式，令信息中下阶层可以同时拥有多条发声管道，而这些管道之间还有相互连接，使过去必须依赖主流媒体威权的被动局面得到重大改观。对整个媒介系统而言，该变化导致一个'扩大了的媒介生态体系'。对草根群体而言，其意义不仅在于发声，更于发声主体来自不同群体、不同阶层，包括中下阶层内部的不同经历与观点，也包括与其他阶层的交流与互动。"①

问题是，互联网正在增加还是减少职工的社会资本和政治参与机会呢？有西方学者认为，"答案是似乎两者兼具，而不像许多评论者已经论述过的那样只有一个方面……范围更广阔的互联网社区是高度多样化和多元主义的，并且它包括地方的、国家的和跨国家的元素。总的来说，电子民主正在产生复杂的而不是简单数量上的更多或更少的社区、协商和政治参与。"②

（二）全球化对传播赋权职工的影响

全球化，是一个多维的过程，包括社会、政治、经济、文化、军事等诸多领域的变革。因此我们可以说经济全球化、政治全球化、文化全球化。这些领域变革的总趋势是相互交往的加深与扩大，而且这些领域相互之间的联系程度也在加深。在这种交往方式变革的

---

① 邱林川. 信息时代的世界工厂：新工人阶级的网络社会［M］. 桂林：广西师范大学出版社，2013：282.

② 〔英〕安德鲁·查德威克. 互联网政治学：国家、公民与新传播技术［M］. 任孟山，译. 北京：华夏出版社，2010：149.

过程中，出现了新的制度实体和规范性规则①。全球化力量最重要的影响有：1. 家国（nation）观念的扩散；2. 国际化观念的传布；3. 个人作为"公民"（citizens）观念的普及化；4. 人类有共同利益成为共识②。

在政治话语层面，如西方研究者指出的那样，全球化作为一个政治口号，是三种政治势力的组合体：对"新自由派"（neo‑liberals）或者叫"自由右派"（the liberal right）来说，全球化被理解为资本、产品、信息流通限制的取消，是人类社会一种积极意义的发展；对"对立派"（分为国际主义者和民族主义者）来说，全球化代表着无约束的资本主义经济制度的运行；第三种道路的倡导者则摇摆不定，但认为全球经济的压力是必须面临的事实，不能应对这些挑战是政府的失职③。

在经济层面，全球化对每个人的影响最为直接和具体。如果说通信技术的进步让全世界互联互通成为麦克卢汉所说的"地球村"（global village），经济的发展则让"世界是平的"，成为现实。正如弗里德曼所说，全球化有三个重要阶段，目前是全球化 3.0 时代（2001—　）。其特征是将小规模世界变成一个微世界和扁平世界。其推力是个人通过电脑和宽带获得越来越多的数字化信息，通过工作流程软件（work flow software）可与其他人合作，参与全球竞争。

---

① 杨雪冬. 全球化：西方理论前沿［M］. 北京：社会科学文献出版社，2002：6.
② Roland Robertson 的观点，转引自 Anthony Woodiwiss, Globalization. *Human Rights and Labour Law in Pacific Asia*［M］. Cambridge：Cambridge University Press，1998：35.
③ 罗宾·布朗. 从答案到问题：信息时代的全球化［J］. 王海编，译. 国际新闻界，2003（2）.

这一时代与前两个时代的差别，不只是让世界变平、实现个人的赋权，而且还一改之前由欧美个人和公司驱动；不只由复数的个人驱动，同时他们的身份更加多元（比如非西方、非白种人）。这个平的世界每个角落里的个人正在赋权中①。

2001 年 12 月 11 日，我国正式加入世界贸易组织。因为有了全球化，中国才成为名副其实的世界工厂，才可能出现上百万工人的代工巨无霸——富士康。人才、资金和信息的全球流动，对职工权利影响深远。因此，在谈传播赋权时，我们不可能绕过全球化这一大背景。

全球化对职工的传播赋权体现在以下方面：

1. 职工权利意识的提高

对职工来说，全球化的好处在于生产的全球化与工作机会的多样化。而与权利相关的新信息得以输入和传播，这有助于职工对权利的认知，也会提高权利意识。

一方面，正如有研究者注意到的那样，全球化的大背景下，以廉价劳动力作为自己的比较优势的发展中国家不得不陷入一场"逐底竞争"或"倒退竞争"（race to bottom）中。为了吸引外资，发展中国家不得不竞相压低工人工资和劳保福利，向外商承诺所谓的优惠投资环境，把劳工权益保护的倒退式竞争当作优势，因而在出口加工区催生了许多血汗工厂②。

另一方面，就中国来说，改革开放以后，至少已经部分融入了

① Thomas L. Friedman. The World is Flat ［M］. New York：Picador, 2007：9 – 12.
② 黄岩，等. 代工产业、跨国倡议网络与中国劳动政治的转型 ［J］. 社会科学家，2010 （10）.

全球经济。但市场化和全球化并不是中立的，实际上它们伴随而来的是迎合国际政治标准的压力①。其中，国际劳工组织（ILO）和世贸组织（WTO）是最重要的推动力量。

中国是国际劳工组织的创始会员国之一。自1983年6月恢复在国际劳工组织的活动后，截至2007年6月，中国已经批准25个国际劳工公约（其中3个核心公约）。

国际劳工标准与中国劳动标准相比，有同有异。比如在平等就业权方面，与国际劳工公约相比，中国法律的歧视含义没有包括肤色、政治见解和社会出身。中国目前存在着的就业歧视，如性别歧视等，有立法不够完善的原因，但主要是执法的问题；在禁止强迫劳动方面，目前中国劳动法没有明确规定不得强迫或强制劳动。但现实生活中，随着非公有制经济的发展，强迫劳动的问题时有发生②。

此外，WTO体系内与贸易有关的人权问题呈现出全球化倾向。关税及贸易总协定（General Agreement on Tariffs and Trade，GATT）第20条第2款规定的允许缔约方在满足条件下采取"为保护人类的生命或健康所必需的措施"来限制贸易，就是对人类生命和健康权的尊重。经济发展应与社会发展同步，这是一个客观要求。因此，从WTO的发展历程以及国际经济法的未来发展趋势看，未来的WTO会在促进贸易自由化的同时更多地关注包括人权在内的社会问

① John Baylis, Steve Smith（eds.）. *The Globalization of World Politics*［M］. Oxford：Oxford University Press，2001：126.
② 朱海波. 全球化时代的劳工保护——劳工标准视角［M］//徐显明. 人权研究（第四卷）. 济南：山东人民出版社，2004：353-360.

题。尽管劳工标准纳入 WTO 还是一个备受争议的问题,但是,劳工标准正在一步一步地被纳入多边贸易讨论领域却是一个不争的事实,体现了 WTO 规则开放性和包容性①。

富士康的案例就非常典型。为回应社会对该公司"血汗工厂"②的指责,2006 年 8 月 18 日,苹果公司公布了其针对富士康的劳工调查报告。结果显示,富士康深圳工厂员工工作时间超过了行为准则的许可,已经过度超标。不过,该调查为富士康遮掩的行为遭到了国际劳工组织的质疑。美国公平劳工协会(FLA)也在当月发表调查报告称,苹果公司重要供应商富士康存在多起平均工作时长超过每周 60 小时的情况,并存在健康和安全问题,违反中国劳动法规。随后富士康同意调整用工制度。

正是因为有了全球化,有研究者观察到,第三部门(the third sector)③ 在全球的迅猛成长下开始催生新的国际网络。南、北半球的 NGO 们交换信息,因共同的目标而组织起来,团结起来以让它们的声音广播国际。而他们合作动力源于一句常用短语:"思考全球化,行动本地化"(Think globally and act locally)。这些新的行动者

---

① 王天林. 劳工权益的国际化保护趋势研究——劳工标准视角 [D]. 济南:山东大学,2007.
② 香港曾发起拒买 IPhone 的公民行动。
③ 第三部门,又称志愿部门(Voluntary sector),即"通过志愿提供公益"的 NGO(非政府组织)或 NPO(非营利组织)。从范围上讲是指不属于第一部门(政府)和第二部门(企业)的其他所有组织的集合。因此,主要为民政部门注册的社会团体、基金会、民办非企业单位及未注册的草根组织。

在当地因民主参与、重建社会，为他们同类服务而走到了一起①。

2. 职工权利议题的全球传播

"网络社会"的提出者卡斯特对信息化全球资本主义下的劳工问题提出了看法："假如工作、劳工与劳工阶级都存在，甚至在世界各处扩张，劳资之间的社会关系则已有深刻的转变，就其核心而论，资本是全球性的。依照常规，劳工则是地方性的，信息主义的历史现实正是精确地利用网络的分散化力量，导致了资本的集中与全球化。劳工在操作的层面瓦解，在组织上片断化，在存在上多样化，在集体行动上则被区隔。网络朝向资本的后设网络聚合，这个网络在全球层次上跨越部门与活动领域，整合了资本家的利益：其间并非没有冲突，但是都依循相同的统合逻辑：劳工失去了集体认同，在能力、工作条件与其利益和计划上日益个体化。"②

显然，卡斯特对劳工在网络社会中的力量显得有些悲观了。正因有了国际互联网，所以让这个世界变"平"：资本、人力和信息的跨国流动放大了劳工的价值，同时也让他们的声音可以几近零成本地传布天下。除了一些 NGO 的劳工组织的报告和观点被国际媒体广泛引用外，讲述中国劳工的一些纪录片也通过一些媒体报道、电影节、影院和视频网站传布天下，代表作品如美国人 Micha X. Peled

---

① Jeremy Rifkin. The End of Work：The Decline of the Global Labor Force and the Dawn of the Post－Market Era ［M］. New York：A Jeremy P. Tarcher/Putman Book，1995：285.

② 曼纽尔·卡斯特尔（Manuel Castells）. 网络社会的崛起［M］. 夏铸九，等译. 北京：社会科学文献出版社，2001：575.

执导的 *China Blue*（中国石磨蓝，2005）①、范立欣执导的《归途列车》（2009）② 和意大利人 Tommaso Facchin 和 Ivan Franceschini 联合执导的 *Dreamwork China*（中国梦工厂，2011）③ 等。

正是因为全球化，本土化新闻的国际化操作才会屡见不鲜。以中国职工权利议题为例，富士康工人权利状况的改善应与境外媒体持续关注有关。

从 2010 年 1 月 23 日到 5 月 27 日，深圳富士康公司共有 14 名员工坠楼，12 人死亡，2 人身受重伤入院治疗，此外还有一人割脉自杀未遂。国内外媒体都高度关注此现象。由于意识形态差异，不同媒体对同一现象报道的立场有别，主题也不尽相同，但有研究发现，《纽约时报》在调查性报道中指出，富士康诸多非人性化的管理模式导致了自杀事件频发。它还把跳楼事件频发的原因归为媒体报道引发的模仿行为。在其刊发的九篇调查性报道中，权利（rights）出现频次最多，达 14 次，使用在 "human right groups"（人权组织）、"worker's rights"（工人的权利）等地方，指向其将工人的权利视为

---

① 该片讲述 17 岁的打工妹小莉从四川到东南沿海某地的一家牛仔裤工厂打工的故事。美国 PBS 电视台在播放此片时评价说："本片将审视你不曾见过的全球化的另外一面，并且将会曝光一条蓝布牛仔裤真实成本背后的可恶谎言。每一个人都参与了其中的环节，其中有不顾工人死活、剥削他们劳动的工厂主，有要求这些衣物极端廉价的品牌商，还有最终买下它们的顾客。"

② 该片讲述来自四川的一对农民夫妇跟随打工潮，离乡背井去往广州打工的经历，展现出中国蓬勃发展的经济背后普通小人物的辛酸和眼泪。该片曾参加圣丹斯电影节，在国内部分艺术影院放映过，现亦可在国内不少视频网站上观看。

③ 这部时长 56 分钟的纪录片对准在深圳打工的年轻人（包括富士康工人），他们大部分生于 1980 年代末，有的甚至是 "90 后"。这些朝气蓬勃的打工者有的曾有远大的科技报国梦，有的则很诚恳地希望能赚够开店自己当老板的钱后回家乡开店。他们对美好生活的渴望和自己现状的认识展现着改革开放、经济发展和社会的进步给人们带来的深刻影响。

重要报道元素①。

国际媒体对中国职工权利议题的关注，对用工企业造成了巨大的国际压力。苹果公司近年来发布"供应商责任进展报告"（Supplier Responsibility Progress Report），详细说明了苹果供应商行为准则，并公布违规的供应链名单。苹果公司的代工企业富士康近年来也开始发布年度企业责任报告。比如2013年发布了六次报告。

英国BBC关注苹果公司产品供应链的用工状况也达到效果。2014年12月18日，英国BBC《大广角》（Panorama）栏目播出的《苹果公司未兑现的承诺》（Apple's Broken Promises），卧底记者进入了苹果供应商和硕联合科技（Pegatron Corporation）的中国工厂。节目内容显示，该工厂违反了苹果的劳工指南，要求工人超时工作，参加不支付工资的会议，并且住在拥挤的宿舍里。虽然苹果公司高层称报道有误导性，但仍表示会认真对待报道中所提及的问题。

综上所述，全球化对职工的影响是很大的：除了提供工作机会（境内和境外），同时也加速了包括权利知识在内信息的流动，还让权利议题很容易成为国际传播的议题。这是职工传播赋权的新现象，也是一种新趋势。

三、职工传播赋权现有研究的不足

通过传播赋权角度来观照职工权利，确实提供了一个新的视角。一方面，大众传媒建构了职工权利现状；另一方面，职工亦通过大

---

① 曹博林，吴世文. 中美媒体关于"富士康员工跳楼"事件报道的比较分析——基于跨文化传播视角的考察［EB/OL］. 人民网传媒频道，2017－07－14.

众传媒获得权利知识，提高了权利意识，还借助大众传媒这一平台伸张或捍卫了合法权利。

不过，对职工传播赋权这主题的研究也存在一些不足：

（一）偏重职工的媒介形象，轻职工权利状况

正如在第一部分中提到的，在现有研究中，不少成果都聚焦在职工的媒介形象上。"受难 & 负面"叙事提及率较高，但对其具体内容少有细化分析。

虽然在有的研究成果中，设定的研究主题里有部分与职工权利相关，但占比不高。而对于权利并未进行分类分析。

此外，在选择媒体抽样样本时，多数研究者要么局限于单一报纸，要么局限于几家不同地域的报纸，基本忽略了电视媒体和网络媒体的表现。

上述两种情况叠加，显然对传媒视野中职工权利状况要么偶有涉及，要么只是着力于几个点，并没有从面上呈现职工权利的现状。此外，职工权利有多种类别，相关的研究大多没有认真界分和深入分析。

（二）研究过于单向，探究职工自我赋权少

对职工传播赋权来说，大众传媒是中介，也是外力，只是赋权的一个面向。另一面向则是职工自己。它包括职工权利真实现状（与媒体反映的未必一样）、媒介接触情况、媒介态度及维权过程中的媒介策略等。

职工权利真实状况可参照全国总工会的全国职工队伍状况调查结果，部分省市的相关调查亦有参考价值。

自 1982 年以来，全国职工队伍状况调查每隔四五年就进行一次，到 2017 年共八次①。在调查中，既有对权益现状的调查，同时也有对媒介接触情况的调查。

与上一次即 2002 年调查的状况比较，2007 年各类所有制单位职工劳动权益状况总体上得到"明显改善"，"劳动关系状况基本和谐稳定"。但是，当企业发生集体劳动争议导致的群体性事件时，61% 的职工表示有参加的可能②。这说明职工的维权意识有所提高。

历次全国职工队伍状况调查显示，大众媒介（特别是电视）对职工思想产生重要的影响（1997 年和 2002 年均为职工了解时事新闻的主要途径，分别占 72.5% 和 69.9%）。

另一项调查显示，在影响职工对社会现象看法的因素中，新闻媒体发挥了很大的作用，93% 的职工表示对社会问题的看法受广播电视的影响，75.3% 的职工表示受报纸刊物的影响，38.3% 的职工表示受互联网的影响。③

2010 年，全国总工会针对新生代农民工的调查显示，对劳动权益的诉求，从单纯要求实现基本劳动权益向追求体面劳动和发展机

---

① 以 2007 年第六次调查为例，采用全国抽样调查、问卷调查全国抽样调查与区域性调查相互印证，问卷调查与典型调查、个案访谈相互结合，收集新鲜信息与文献、资料研究相互补充的方式开展调查。其分课题之一为"关于当前我国职工劳动经济权益实现情况的调查"。问卷抽样调查的样本总量为 42000 份，其中 30000 份为普通职工样本，12000 份为农民工样本。参见李滨生：关于 2007 年全国职工队伍状况调查若干问题的说明，来源：中国工会统计调查官网，2007 - 05 - 15。

② 中华全国总工会研究室课题组. 全面建设小康社会新征程中的中国职工队伍——第六次全国职工队伍状况调查总报告 [J]. 工运研究，2008（16、17）：13 - 15.

③ 中华全国总工会研究室"职工队伍思想道德观念"课题组. 我国职工思想道德观念状况研究 [J]. 工运研究，2008（16、17）：39 - 40.

会转变；维权意识日益增强，维权方式由个体式维权向群体式维权转变。另一方面，大众传媒和通信技术的进步使他们能够通过电视、互联网和手机了解外面的世界，接受更多现代文明的熏陶，形成多元的价值观与开放式的新思维，成为城市文明、城市生活方式的向往者、接受者和传播者①。

从上述多项调查可以发现，职工权利状况并非一成不变，而是一个动态的过程。此外，我们也可看出媒介技术的演进，直接影响了职工信息获取与维权时的媒介选择。不过，相关调查重宏观数据，而轻个人的体验。

在学界的研究成果中，对职工权利状况的调查研究多局限于某一地区或某一类职工（如有关农民工的成果较多）；对职工媒介接触情况、媒介态度的调查研究，同样多局限于某一地区或某一行业，而且过于偏向新媒体和农民工②；职工在维权时的信息传播策略，则更少有研究者涉猎③。

（三）研究传播赋权局限于传播领域

在现有的众多研究中，将职工传播权局限于传播领域，甚至传媒领域。前者如探讨职工媒介接触情况及态度，后者如传媒对职工

---

① 全国总工会新生代农民工问题课题组. 关于新生代农民工问题的研究报告 [J]. 中国职工教育，2010 (8).
② 王炎龙，等. 新生代农民工媒介接触与文化阅读调查分析 [J]. 出版发行研究，2012 (4)；李向娟，等. 新生代农民工的媒介接触状况及评价——以福建沿海地区为例 [J]. 福建论坛 (人文社会科学版)，2012 (3).
③ 汪建华，等. 新生代农民工的集体抗争模式——从生产政治到生活政治 [J]. 开放时代，2013 (1)；汪建华. 互联网动员与代工厂工人集体抗争 [J]. 开放时代，2011 (11).

权利议题的再现。

这些研究若以一篇论文的方式来呈现，当然无所厚非。但要探究职工传播赋权的内在逻辑却不能停留在传播领域，而是要放在整个社会系统里来考察。

此外，党和国家的一些方针、政策，实际上也与职工传播赋权有关。无论是李瑞环在 1989 年发表的题为《坚持正面宣传为主的方针》的长篇讲话，还是十六届四中全会通过的《中共中央关于加强党的执政能力建设的决定》①，都应是研究时的重要政策背景和互动因子。

---

① 在该《决定》中有以下表述："牢牢把握舆论导向，正确引导社会舆论。坚持党管媒体的原则，增强引导舆论的本领，掌握舆论工作的主动权。坚持团结稳定鼓劲、正面宣传为主，引导新闻媒体增强政治意识、大局意识和社会责任感，进一步改进报刊、广播、电视的宣传，把体现党的主张和反映人民心声统一起来，增强吸引力、感染力。重视对社会热点问题的引导，积极开展舆论监督，完善新闻发布制度和重大突发事件新闻报道快速反应机制。"

（四）研究方法过于单一

现有的相关研究成果中，以内容分析法最多。深度访谈法用得极少，问卷调查法也零星可见。

就研究来说，不同的研究方法各有各的特色，对研究主题都能在一定程度上进行开掘并有所收获。但研究主题正如一个多棱镜，如果只看单一的面向，则很可能与它本来的面目差之毫厘，谬以千里。

因此，相对科学、客观的研究，应该是综合运用多种研究方法，从而多向度、多层次地探究研究主题或研究对象，以期获其真实一面。

四、本研究的目标与创新点

C. 赖特·米尔斯在《谈治学之道》一文中，曾对社会学研究的旨趣作如下表述：

"社会学的想像力相当程度上体现为从一个视角转换到另一视角的能力。并且在这个过程中建立起对整个社会及其组成部分的充分认识。"①

虽然职工传播赋权不是纯粹社会学研究的范畴，却可以从米尔斯的表述里得到启发。我们尽力实现多视角地呈现职工传播赋权这一研究主题，而并不囿于新闻学、传播学或劳动社会学某一个领域。

我们的研究立足于新时期中国职工维权意识高涨、网络媒体带

---

① C. 赖特·米尔斯. 社会学的想像力 [M]. 陈强，等译. 北京：生活·读书·新知三联书店，2001：230.

动的复杂媒体环境，探究大众媒体视野里的职工权利状况，同时也通过问卷调查和深度访谈了解职工权利状况、维权意识与媒介使用状况。在上述基础上，提出职工维权与大众媒体良性互动的对策与建议。

针对我们提出的现有研究的不足，本书在四个方面有所创新：

一、与不少研究成果着眼于职工的媒介形象不同，我们重点关注大众传媒视野里的职工权利状况。所以我们在对报道样本分析时，关注了与职工权利相关的报道主题，还关注了职工权益的侵害方的情况。

此外，在大众传媒的报道方面，我们不局限于单一报纸，而是抽取了多家有代表性的报纸；我们也不只是分析报纸的职工权利主题报道，还分析电视媒体和网络媒体的相关报道。媒体类型的多样化，能够最大程度地呈现传媒视野里的职工权利状况。为了了解媒体信息生产的逻辑，我们还对新闻工作者进行了访谈。

二、与不少研究成果单向关注媒体视野中的职工不同，我们还通过在全国发放千余份问卷，并对一些职工进行了深度访谈，从而了解职工权利状况、维权意识与媒介使用状况。通过这种量化研究和质化研究相结合的方法，会更接近真实的状况。

三、与不少研究成果局限于传播领域不同，我们认为，职工权利维护是一个系统工程。即使是传播赋权，也应放置在整个社会系统内观察，不然会有所偏颇。

在本书的第三章，我们在"职工维权与大众媒体良性互动的对策与建议"时，就明确提出要优化现有的一些顶层设计，大众传媒要有全球意识、大局意识和责任意识。此外，我们还构建了职工权利维护的社会生态系统。

我们做的这些研究和提出的主张，是视角多样化的结果，也是我们突破现有研究局限的努力结果。

第一章 中国职工权利议题的媒体呈现：
现状与问题

第一节 职工权利议题与报纸报道：现状与问题

——基于731篇新闻报道的实证分析

自有劳动关系存立以来，职工权利的侵犯与维护就相应而生。中国作为发展中国家的一员，职工基数巨大，加之单位（包括工厂）类型多样，职工权利维护难题显得尤为突出。

2015年3月21日，中共中央、国务院印发《关于构建和谐劳动关系的意见》，客观评述了当下的挑战："我国劳动关系矛盾已进入凸显期和多发期，劳动争议案件居高不下，有的地方拖欠农民工工资等损害职工利益的现象仍较突出，集体停工和群体性事件时有发生。"

报纸，作为大众传媒中历史最久远、影响力巨大的媒介，理应对职工权利议题有所呈现。

其一，中国的国体是"中华人民共和国是工人阶级领导的、以工农联盟为基础的人民民主专政的社会主义国家"。工人阶级的所有成员都是职工范畴，其权利状况显然是值得探讨的。

其二，中国的报纸品种和印数最多的是综合报纸①。而在综合性报纸中，不少都是党报，既有全国性的，也有地方性的。20世纪90年代中期兴起的都市报，虽然市场化程度高，但都是党报主办的。因此，可以说中国发行的报纸中，有半数以上的报纸都是党和政府的报纸、人民的报纸。它们既要报道党和政府的方针政策，也要反映群众的要求和呼声，应属应有之义。

党和国家领导人一直都很重视党报党刊的地位和作用。1948年4月2日，毛泽东同志对《晋绥日报》社编辑人员发表谈话时，强调了报纸的功能："报纸的作用和力量，就在它能使党的纲领路线、方针政策、工作任务和工作方法，最迅速最广泛地同群众见面"。他还强调，"通过报纸加强党和群众的联系"。

1980年1月，邓小平同志在中共中央召集的干部会上的讲话《目前的形势和任务》中强调指出："我们希望报刊上对安定团结的必要性进行更多的思想理论上的解释……总之，要使我们党的报刊成为全国安定团结的思想上的中心。报刊、广播、电视都要把促进

---

① 比如2015年，全国共出版报纸1906种，其中综合报纸846种，占报纸总品种44.39%，占总印数66.13%。此外，专业报纸712种，占报纸总品种37.36%，占总印数25.78%；生活服务报纸221种，占报纸总品种11.59%，占总印数2.91%。数据来源：国家新闻出版广电总局：《2015年全国新闻出版业基本情况》，发布日期：2016年9月1日。

安定团结，提高青年的社会主义觉悟，作为自己的一项经常性的、基本的任务。"①

1996 年 9 月 26 日，江泽民同志视察人民日报社并发表重要讲话指出，舆论导向正确，是党和人民之福；舆论导向错误，是党和人民之祸。

2016 年 2 月，习近平同志在人民日报调研时，多次寄语在场的编辑记者，"要创造机会多到一线去"，"新闻战线要接地气、深入调研，了解真实情况"。

那么，这些报纸是否走进了职工的生活，如实呈现了他们的权利现状，从而有力地赋权了呢？

一、研究问题与方法

（一）研究问题

基于以上成果，本书将分析 20 世纪 90 年代中期以来国内媒体对职工权利状况的再现，用以回答以下问题：

1. 职工权利议题在大众媒体上呈现的比例与情况如何。

2. 由于 2002 年国企改革基本完成，2003 年前和 2003 年（含）后职工权利议题有何变化。

3. 由于各媒体定位、办报取向存在差异，不同媒体之间职工权利议题呈现是否存在显著差异。

---

① 邓小平. 目前的形势和任务（1980 年 1 月 16 日）[M] //邓小平文选（第二卷）. 北京：人民出版社，1994：255.

（二）样本选择

本书以 1995 年为起点，采取内容分析研究 20 世纪 90 年代中期以来，中国报纸对职工权利议题的再现。

1. 起始年份选择

之所以选择从 1995 年开始，基于以下原因：

（1）迈向社会主义市场经济体制的关键年

1995 年 9 月 25—28 日，中共十四届五中全会召开，通过《中共中央关于制定国民经济和社会发展"九五"计划和 2010 年远景目标的建议》，提出要实行经济体制从传统的计划经济体制向社会主义市场经济体制转变、经济增长方式从粗放型向集约型转变这两个具有全局意义的根本性转变。其中，指导方针之一是把国有企业改革作为经济体制改革的中心环节。

9 月 28 日，江泽民同志在中共十四届五中全会闭幕时作了题为《正确处理社会主义现代化建设中的若干重大关系》的讲话，提出要正确处理好改革、发展、稳定三者关系："当前正处于经济体制转轨时期，人们思想观念的转变需要一个过程，各方面利益关系变动较大，各种矛盾可能会比较突出，保持稳定更具有重大的现实意义。"

可以说，此次全会是 1992 年邓小平南方谈话精神基础上的深化。由于国企改革开始，1995 年后持续出现下岗、失业高峰。1981—1994 年十四年中，年均失业人数则在 480 万人以内，有的年份为 200 多万人。但 1995 年失业人数突破了 500 万，此后仅 1998 年出现负增长。

正是从 1995 年开始，劳动部和国家统计局开展了企业下岗职工统计，在综合劳动统计报表中增加了"下岗职工"① 指标。其中，不少是国有企业下岗职工：

表1－1　历年全国国企下岗职工人数（1996—2004年）②　　单位：万人

年份	1996	1997	1998	1999	2000	2001	2002	2003	2004
人数（万人）	574	929	594.8	652.5	657.2	515.4	409.9	260.2	153.0

　　而从整个社会层面，劳资矛盾逐步成为重要的群体间矛盾。最突出的表现在劳动者权益受损方面③。

　　据统计，1998年、1999年两年，仅因企业拖欠职工工资、退休金、养老金等问题而引发的群体性事件，就占全国群体性事件的总数的1/3左右④。

　　因此，以1995年为起点，可以很好地考察国家重大决策对职工（尤其是工人）的深刻影响。

　　（2）都市报改变传播格局

　　1995年1月1日，《华西都市报》创刊。它是中国第一张都市

① 失业人员与下岗人员是有区别的。按《劳动部、国家统计局关于失业人员和下岗职工统计调查情况的报告》（劳部发〔1997〕373号文）："失业人员"是"指在一定年龄（16周岁）以上，有劳动能力，在调查期间无工作，当前有就业的可能并以某种方式寻找工作的人员。"下岗职工是指"由于企业的生产和经营状况等原因，已经离开本人的生产和工作岗位，并已不在本单位从事其他工作，但仍与用人单位保留劳动关系的人员"。下岗职工包括退出工作岗位休养、放长假、下岗待工等的职工，不包括停薪留职、季节性停工、在企业内参加培训的人员以及破产企业的职工。
② 资料来源：《中国劳动统计年鉴2005》。1996年和1997年数据来自：胡鞍钢. 跨入新世纪的最大挑战：中国进入高失业阶段［J］. 中国人口科学，1999（6）.
③ 王来华. 舆情研究概论：理论、方法和现实热点［M］. 天津：天津社会科学出版社，2005：336 - 337.
④ 王来华. 舆情研究概论：理论、方法和现实热点［M］. 天津：天津社会科学出版社，2005：344.

报，因全面系统地创立了报纸市场化的运作理念和全新的竞争策略，开启了中国报业的"都市报时代"。两年后，《南方都市报》创刊，平均每天出报 100 版以上。它是面向中国最富庶的珠三角地区主流人群所创办的综合类日报，主打广州、深圳两大中心城市，全面覆盖汕头、东莞、佛山、珠海、中山、惠州、江门等地区。

无论是信息传播的体量还是语态上，都市报都与党委机关报有很大不同。都市报以民生新闻为主攻方向，多以平民视角传播新闻，实际也对党委机关报产生了影响。针对 1990 年代中期开始出现的劳工问题，媒体都以不同的方式进行了呈现。其中，都市报的相关报道可成为研究的重要样本。

2. 样本选择方案

本次分析的样本取自报纸。在全国近 2000 份报纸（2011 年全国共出版各类报纸 1928 种）中，本研究选择 3 份报纸（均为日报）：《人民日报》《工人日报》和《南方都市报》。

之所以选择这 3 份报纸，其原因如下：《人民日报》作为中共中央机关报，具有很高的权威性和导向性；《工人日报》是中华全国总工会直属机关报，是我国最权威的工人类专业媒介；《南方都市报》读者覆盖广州、深圳等珠三角城市，自 1997 年创刊以来宣称"办中国最好的报纸"，成为中国都市类报纸的风向标。此外，广东是中国劳务输入大省，非常具有代表性。

本研究以 1995 年为起始年①，每隔一年进行抽样调查（1995、

---

① 《南方都市报》1997 年创刊，但因 1997—1999 年报纸缺失，故该报样本始自 2001 年。

1997、1999、2001……2011），每年随机抽 2 个星期一、2 个星期二、2 个星期三……2 个星期日，共 14 份报纸（两个"组合周"），各报纸抽中的日期一致①。

根据研究目的，本调查的分析单位为有关中国职工的单篇新闻报道，包括消息、通讯、评论和新闻图片等。首先，相关新闻报道出现有"工人""职工""技工""农民工""外来工""打工仔"等明确字眼，或在新闻中存在一些具体描述；其次，新闻的主题应该是围绕着"职工"，而非其他人群。关于职工政策的新闻、读者来信和简讯等不计入样本。

（三）编码

根据研究目标，主要的编码变量分别是：

职工报道的年度分布与报道主角。通过年度分布可以呈现媒体对职工议题的关注程度，报道主角则体现职工（尤其是工人）是否为职工报道的主体。

职工报道的叙事类型②。探讨媒体对职工的态度变化，包括：受难叙事、负面行为叙事、英雄/正面行为叙事、受爱护叙事、中立叙事、受难＋负面行为叙事、受难＋受爱护叙事和不适合（无明确叙事）。

职工报道的议题。议题当然是媒介设置的，通过职工新闻报道中不同议题的比重，探讨职工权利维护中的情况。

---

① 为弥补抽中日期中可能缺乏工人报道，实际抽样中每年随机抽 5 周。
② 李艳红. 一个"差异人群"的群体素描与社会身份建构：当代城市报纸对"农民工"新闻报道的叙事分析［J］. 新闻与传播研究，2006（2）.

职工权益的主要侵害方。可探讨职工权益维护的着力点。

四位经过训练的编码员进行编码，最后本研究共抽取符合上述要求的有效样本 731 篇报道，其中《人民日报》177 篇、《工人日报》387 篇、《南方都市报》167 篇。在分析之前，按照系统抽样的原则，从 731 篇报道中抽取 10% 样本（共 74 篇报道）复核并进行信度检验，信度检验采用 Kappa 系数①，检验显示所有变量的系数值均超过 0.5，达到内容分析的要求②。

二、研究结果

（一）2007 年以来对职工群体报道的力度明显加大

从表 1 - 2 可以看出，2007 年前 3 大报纸每年关于职工的报道都在 90 篇以内，1999 年最少，仅 35 篇。而 2007 年后，职工新闻报道从 96 篇不断增加，2009 年和 2011 年均超过 100 篇。从百分比看，抽样获得的 731 篇职工新闻报道中，在 9 个年份里，2007 年、2009 年和 2011 年 3 个年头占到近一半。

---

① 在对内容分析样本进行信度检验时，常用的计算公式有 Scott's Pi、Cohen's Kappa 和 Krippendorff's Alpha，本文采用 Cohen's Kappa 检验，其公式为：Kappa = （PAo - PAe）/（1 - PAe），其中 PAo 表示观察到的一致率，PAe 表示随机的一致率。参见：彭增军. 媒介内容分析法 [M]. 北京：中国人民大学出版社，2012：89 - 102.

② 学术界对于内容分析信度检验的标准并无统一的规定，就 Cohen's Kappa 而言，常见的推荐标准为 0.75 以上为优秀、0.40 - 0.75 为较好、0.40 以下为较差（参见：Kimberly A. *Neuendorf. The Content Analysis Guidebook* [M]. London：Sage，2002：143）。

表1-2　职工报道数量的年度变化

年份	频次	百分比（%）	累计百分比（%）
1995	53	7.25	7.25
1997	55	7.52	14.77
1999	35	4.79	19.56
2001	89	12.18	31.74
2003	74	10.12	41.86
2005	85	11.63	53.49
2007	96	13.13	66.62
2009	116	15.87	82.49
2011	128	17.51	100.00
合计	731	100.00	

从表1-3可以看出，在所有报道中，基层一线职工为新闻报道主角的比重是最大的，占到六成。通过内容分析，我们发现，无论是党报《人民日报》，还是《南方都市报》，其职工新闻报道多以职工（尤其是工人）为新闻主角。

表1-3　职工报道中的主角

新闻报道的主角	频次	百分比（%）	累计百分比（%）
党政官员	102	13.97	13.97
社会团体	4	0.55	14.52
工会	73	10.00	24.52
企事业领导	6	0.82	25.34
基层一线职工	439	60.14	85.48
其他	106	14.52	100.00
合计	730	100.00	

以 2009 年为例，《人民日报》的部分报道如下：《农民工变身"新市民"》（2009 - 01 - 10，第 18 版），《农民哥仨求职记》（2009 - 02 - 21，第 16 版），《707 名新疆籍员工复工》（2009 - 07 - 10，第 6 版），《广州外来工可享医保》（2009 - 08 - 02，第 24 版）。报道中，既有工人的故事，也有与工人相关的政策信息。

同样，在《南方都市报》的报道中也体现了上述特点：《没有工伤险　举报》（2009 - 03 - 03，第 15 版），《公交司机学英语迎亚运》（2009 - 06 - 19，第 20 版），《矽肺病人的维权迷宫》（2009 - 07 - 29，头版）。

在所有报道中，党政官员与企事业领导的比例近 15%，说明媒体在报道职工（尤其是工人）题材时，秉持了专业主义理念，除了从基层一线发掘新闻故事外，在一些政策信息中，亦能从职工（尤其是工人）关心的视角去报道。

不过，值得重视的是，据我们的抽样结果显示，2003 年及以后，职工报道中党政官员为主角的报道增加了（2003 年前占 8.62%，2003 年及以后占 16.47%），而基层一线职工为主角的报道下降了（2003 年前占 66.81%，2003 年及以后占 57.03%）。

一种可能的解释是 2003 年后企业改革力度加大①，政府部门对职工工作的重视程度增强了。不过，不同类型的媒体表现亦各有特

---

① 比如 2003 年，中共中央、国务院发出《关于实施东北地区等老工业基地振兴战略的若干意见》，中共十六届三中全会通过《中共中央关于完善社会主义市场经济体制若干问题的决定》。2004 年，国务院作出《关于进一步加强安全生产工作的决定》。2006 年，国务院发出《关于解决农民工问题的若干意见》。2007 年，十届全国人大常委会第 28 次会议通过《中华人民共和国劳动合同法》。

色：比如《人民日报》侧重党政议程（相关方针政策的出台及实施），而《南方都市报》明显为草根议程（偏重普通职工的故事），《工人日报》则介于两者之间。2003 年以后，党政议程在增加，而草根议程在减少。

（二）职工报道的负面叙事类型占主流

叙事类型一方面呈现媒体的认知框架（如刻板印象①），另一方面，也在一定程度上呈现报道对象的现实状况。

表 1-4　职工新闻报道的叙事类型

叙事类型	频次	百分比（%）	累计百分比（%）
受难叙事	84	11.49	11.49
负面行为叙事	23	3.15	14.64
英雄/正面行为叙事	173	23.67	38.30
受爱护叙事	261	35.70	74.01
中立叙事	58	7.93	81.94
受难＋负面行为叙事	13	1.78	83.72
受难＋受爱护叙事	61	8.34	92.07
不合适（无明确叙事）	58	7.93	100.00
合计	730	100.00	

从叙事类型看，受爱护叙事在职工新闻报道中比重最高（占35.70%）；英雄/正面行为叙事次之（占23.67%），报道主角以劳动模范为主。

---

① "刻板印象"由李普曼在《舆论学》一书中率先提出。从认知理论角度，它可定义为"一种涉及知觉者的关于某个人类群体或某类事件的知识、观念与预期的认知结构"。参见：曾庆香. 新闻叙事学［M］. 北京：中国广播电视出版社，2005：93.

之所以如此，这与 90 年代中期以来，职工（尤其是工人）地位下降有关。如果以职业分类为基础、以组织资源、经济资源和文化资源的占有状况为标准划分当代中国社会阶层结构的基本形态，在十个社会阶层中，产业工人阶层倒数第三，其后是农业劳动者阶层和城乡无业失业半失业者阶层①。从这个角度来说，工人成了整个社会的弱势群体，而媒体的报道不过是这种现状的反映。

此外，由于 2002 年国企改革基本完成，因此研究 2003 年前后叙事类型的变化也是很有意义的。

表 1-5　职工新闻报道叙事类型的变化

叙事类型	不同时期		总　计
	2003 年前	2003 年及以后	
受难叙事	20	64	84
（百分比）	8.62	12.83	11.49
负面行为叙事	4	19	23
（百分比）	1.72	3.81	3.15
英雄/正面行为叙事	60	113	173
（百分比）	25.86	22.65	23.67
受爱护叙事	75	186	261
（百分比）	32.33	37.27	35.70
中立叙事	22	36	58
（百分比）	9.48	7.21	7.93

① 陆学艺. 当代中国社会阶层研究报告 [M]. 北京：社会科学文献出版社，2002：20.

续表

叙事类型	不同时期		总 计
	2003 年前	2003 年及以后	
受难 + 负面行为叙事	5	8	13
（百分比）	2.16	1.60	1.78
受难 + 受爱护叙事	13	48	61
（百分比）	5.60	9.62	8.34
不合适（无明确叙事）	33	25	58
（百分比）	14.22	5.01	7.93
合计	232	499	731
	100.00	100.00	100.00

我们发现，2003 年后，媒体对职工的报道中，受难叙事增加了三倍（从 20 篇到 64 篇），受爱护叙事同样在篇目上翻了一倍多（从75 篇到 186 篇）。二者相加所占比例近 50%，比 2003 前增加 10 个百分点。

从数据可以看出，由于改革的深入，职工（尤其是工人）的境遇亦受到影响。其弱势群体的特征得到强化。

（4）权利议题成为职工报道重要主题在所有主题中，职工日常生活最高（占 28.57%），其次就是劳资纠纷/职工维权/事故工伤（占 20.60%）。而其他几项，实则都是与职工权益相关的。

表 1-6 职工报道中的主题

职工新闻报道涉及的主题	频次	百分比（%）	累计百分比（%）
企业民主与改革	45	6.18	6.18
职工日常生活	208	28.57	34.75
下岗再就业/扶贫济困	65	8.93	43.68

职工新闻报道涉及的主题	频次	百分比（%）	累计百分比（%）
职工福利待遇/工资	68	9.34	53.02
劳资纠纷/职工维权/事故工伤	150	20.60	73.63
其他	192	26.37	100.00
合计	728	100.00	

针对"劳资纠纷/职工维权/事故工伤"的发生地，我们对148篇相关报道分析发现，发生在广东的近三分之一（56篇）[①]，其他较多的省份是：浙江（8篇）、山西（7篇）、河南和云南（均为6篇）。一方面，广东是一个外来务工人员大省，而另一方面，更重要的是，《南方都市报》的报道践行的是草根议程，多着力呈现一线职工权利的现状。

正如前文提到的，2003年国企改革完成后，职工新闻报道的叙事类型变化明显，其报道主题是否也有变化？

表 1 - 7　不同时期职工报道主题的变化

职工新闻报道涉及的主题	不同时期		累计
	2003 年前	2003 年及以后	
企业民主与改革	14	31	45
（百分比）	6.09	6.22	6.18
职工日常生活	62	146	208
（百分比）	26.96	29.32	28.57
下岗再就业/扶贫济困	34	31	65
（百分比）	14.78	6.22	8.93

① 需要说明的是，在731篇报道中，人民日报、工人日报和南方都市报的篇数分别为177、387、167。也就是说，南方都市报的总篇数是最少的。

续表

职工新闻报道涉及的主题	不同时期		累计
	2003 年前	2003 年及以后	
职工福利待遇/工资（百分比）	8	60	68
	3.48	12.05	9.34
劳资纠纷/职工维权/事故工伤（百分比）	42	108	150
	18.26	21.69	20.60
其他（百分比）	70	122	192
	30.43	24.50	26.37
合计	230	498	728
	100.00	100.00	100.00

2003 年及以后，有关"劳资纠纷/职工维权/事故工伤"主题的报道占全部报道的两成（比 2003 年前增长 3.4%），如果加上"职工福利待遇/工资"主题的报道，比例则高达 33%（增加了一成）。"下岗再就业/扶贫济困"主题的报道则明显下降（从 14.78% 降到 6.22%）。

表 1-8　不同媒体职工报道中涉及问题的解决情况

报道中涉及问题的解决情况	工人日报	南方都市报	总 计
问题已经解决 百分比（%）	165	23	227
	42.86	13.77	31.14
问题解决中 百分比（%）	20	65	99
	5.19	38.92	13.58
问题未解决 百分比（%）	61	60	134
	15.84	35.93	18.38

续表

报道中涉及 问题的解决情况	工人日报	南方都市报	总　计
无问题呈现	139	19	269
百分比（％）	36. 10	11. 38	36. 90
合　计	385	167	729
百分比（％）	100. 00	100. 00	100. 00

在所报道的"劳资纠纷/职工维权/事故工伤"中，我们特别研究了所涉及问题的解决情况。

这实际上呈现了不同媒体类型在呈现社会现实的不同选择。就同一题材的新闻操作来说，有的报纸会更重时机性，有的报纸则会更强调时效性。因此，在遇到"劳资纠纷/职工维权/事故工伤"等负面信息时，呈现事实的角度就会有所不同。

（4）企事业单位是职工权益主要侵害方

涉及"劳资纠纷/职工维权/事故工伤"时，侵害职工合法权益的，八成是企事业单位。我们在对《工人日报·维权周刊》抽样时也发现，89 篇报道中，涉及权益受损的侵害方中，企事业单位占到 66%。这是因为职工往往在生产一线，作为被雇佣者，与拥有不少权力的企事业单位相比，处于弱势地位。

对职工来说，一方面是权益的制度性保障是否到位。另一方面，当权益受损时，是否有解决的途径。就前者来说，是否有劳动合同的保护，成为重要的指标之一。我国从 20 世纪 80 年代中期开始进行劳动合同制度改革试点，1995 年 1 月 1 日施行的《劳动法》正式确立了劳动合同制度，1996 年开始在企业实行全员劳动合同制度。

但受制于多方面因素，劳动合同签订率低。全国人大常委会 2005 年开展的劳动法执法检查发现，中小型非公有制企业劳动合同签订率不到 20%，个体经济组织的签订率更低①。

2007 年，十届全国人大常委会第 28 次会议通过《中华人民共和国劳动合同法》。由于适逢亚洲金融危机，此举引发多方争论。但一个显见的事实是，至少职工的权益有了法律的保障。有数据显示，《劳动合同法》自 2008 年实施后的两年，全国各省（区、市）劳动合同签订率普遍达到或超过 85%，据北京、上海等 10 个省、市调查，企业劳动合同签订率上升到 92% 以上，一些地方的劳动合同签订率达到 95%。②

时有发生的讨薪与停工事件，表面上看是企事业单位的契约意识有关，而深层原因应如有研究者指出的那样：由于就业总量供大于求且结构不平衡问题将长期存在，决定了在劳资双方的雇用与谈判过程中，劳动者必然处于弱势地位。近些年来，包括工资、福利、劳动条件、劳动时间和强度，职业稳定性、离退休待遇以及其他人身权益在内的劳动者权益受损问题，在许多非公有制经济部门甚至部分国有经济组织中频繁出现③。

---

① 王娇萍.《劳动合同法》对职工意味着什么？建立劳动关系就应签订劳动合同 [N].
工人日报，2007 – 07 – 11.
② 王敏，陈菲.《劳动合同法》实施两周年总体良好积极作用凸显 [EB/OL]. 中国政府网，2010 – 02 – 11.
③ 王来华. 舆情研究概论：理论、方法和现实热点 [M]. 天津：天津社会科学出版社，2005：344.

三、研究结论与讨论

本部分侧重探讨中国职工在生产工作中基本权利（如劳动经济权利、劳动安全和职业健康权利），是狭义的人权。在以往大多数研究中，要么研究职工的媒体形象，要么研究单一媒体（如《工人日报》）对职工议题的报道。本部分研究在样本选择上更加广泛，代表性更强。另外，本部分研究主题集中于权利维护，并对权利受损的类别进行了量化分析，这是之前的研究所少有的。

通过对报纸报道的内容分析，我们研究发现2007年以来职工报道幅度加大；在叙事类型上，受难叙事是主流，反映了职工（尤其是工人）群体的弱势；2003年则成为分水岭，"劳资纠纷/职工维权/事故工伤"和"职工福利待遇/工资"两个主题相关的报道数量与比例增加明显；职工权益的侵害方主要是企事业单位。

此外，不同报纸（比如党委机关报与都市报）在报道职工时，采取的议程模式不一样，从而叙事类型和报道主题的偏重各有不同。但总体来说，媒体都承担了反映现实状况的使命，从不同程度上成为职工权利维护的公共平台，从而部分实现了传播赋权。

但值得探讨的是，作为职工合法权益的耳目与喉舌，包括报纸在内的大众传媒除了传播政策信息、呈现企事业单位违法或失范行为外，是否还应有其他作为？

比如2010年深圳富士康公司员工连续发生13起跳楼自杀事件。除中国媒体广泛报道外，境外媒体也高度关注，一些公民行动也随之开展①。但十几名自杀员工中，一些是在媒体密集报道该现象后自杀的。值得注意的是，媒体的报道一致性地把责任指向富士康公司的管理制度和工作条件。

本部分在研究时，就不同报纸职工报道中涉及问题的解决情况进行了统计，"问题已经解决"的比例最高才占到31.14%。《南方都市报》的报道中，"问题未解决"加上"问题解决中"占到七成以上。富士康员工自杀成为一种现象，且难说有终结。如何破解类似难题？有研究者认为，只有尊重劳动者的主体需求和自治功能，才能化解中国日渐增多的劳动冲突②。

这对包括报纸在内的大众传媒在维护职工权利方面提出了新课题：在呈现权利议题时应更加深入，持续关注企事业单位侵犯职工权利的违法或违规现象，集合社会各方力量培养职工的维权意识，解决实际问题，以及化解制度性难题。

第二节　电视媒体上的职工权利议题

——以央视和凤凰卫视的相关报道为例

在传统媒体中，电视的出现算是最晚的。自20世纪中叶商业化

---

① 比如设在香港的"香港大学师生监察无良企业行动"2010年5月发起拒买iPhone运动。此外，海峡两岸暨港奥地区20所高校的60多名师生分头对富士康的大陆工厂进行了实地调查，并推出调研总报告。学界亦对富士康的生产管理体制进行了剖析与批判。

② 冯同庆.劳动冲突难解之结［J］.中国改革，2010（8）.

运用以来，电视的历史也不过半个多世纪。作为 20 世纪最伟大的发明之一，它的影响力却是史无前例的。

与报刊不同，电视对受众的文化水平没有多少要求，加之声像并存，很容易赢得普罗大众的喜爱；与广播不同，电视更加立体，也更具写真性。而就信息传播来说，电视的及时性与现场感则是其他传统媒体难以企及的。

在网络媒体迅猛发展的背景下，电视在信息传播中的重要性仍然没有减弱。有英国学者就指出："有关新千年死亡和重生的预言纯粹是胡思乱想。认为旧秩序依然故我的理由是，电视在许多国家里仍然是最重要的新闻来源。在英国、法国、德国、意大利、美国和日本 6 国 2010 年所做的调查中，大多数接受问卷调查的人都说，他们依靠电视而不是互联网来知晓国内新闻。"①

值得注意的是，电视新闻在中国媒介生态中有特别的地位。十多年前，国外的一项对 10 个国家的报纸、广播、电视的内容的分析（32，000 多条新闻）发现，"在研究异常性与社会重要性的关系和媒体如何强势刊播时，我们发现了不同的现象。比如，虽然中国有大量的异常性新闻，但并不意味着媒体会强势刊播，电视新闻除外"②。

就职工权利议题来说，非常适合电视媒体报道：一是具备冲突性。职工维权往往掺杂着理性和感性的成分。理性维权包括当面说

---

① 詹姆斯·柯兰（James Curran），娜塔莉·芬顿（Natalie Fenton），德斯·弗里德曼（Des Freedman）. 互联网的误读 ［M］. 何道宽，译. 北京：中国人民大学出版社，2014：19.

② 休梅克. 世界上的新闻是什么样 ［J］. 周俊编，译. 国际新闻界，2004（2）.

理、上诉等，而感性维权则包括暴力维权、自杀等；二是题材的栏目普适性。即它又可在动态新闻中呈现，又可在法治、社会栏目甚至调查性报道栏目中刊播。因此，从职工维权报道的受众来说，应该是不分年龄，不分阶层的。

一、研究样本：央视和凤凰卫视的相关报道

我们研究电视新闻，中央电视台显然是首选。因为它是中国国家电视台，覆盖面最大，同时其制作水平与专业化程度也是中国最高的。

央视拥有全国最高覆盖率的频道，三个频道覆盖率超过90%。每天中国有6.7亿电视观众收看中央电视台。因此，央视成为全世界观众最多的电视媒体。央视占有全国新闻节目市场70%的份额，新闻节目占据了电视新闻类节目69%以上的市场份额，2014年上半年，CCTV－新闻频道收视份额为2.99%。在全国所有新闻类栏目收视排名中，前20名无一例外都是央视的节目。其中，被称作"国家发言人"的《新闻联播》上半年收视率达到11.06%，是国内任何一档综艺节目收视率的5倍以上①。

根据CSM50城收视数据显示，2015年，在所有频道中，CCTV－1全天平均收视率第一，CCTV－新闻频道位居第四②。2016年年初至11月20日50城的收视数据显示，央视四套、综合频道、三套、六套和八套占据收视榜前五，湖南卫视退居第六位。总体而言，

① 2014年央视垄断全国1/3电视收视份额［N］. 北京青年报，2014－11－17.
② 中央电视台. 2015年CCTV－1收视稳居霸主地位［EB/OL］. 央视网广告频道，2016－01－07.

央视在 2016 年的收视份额得到了大幅度的提升①。

另一数据显示，2014 年，电视内容市场主打依然是电视剧、新闻以及综艺这三大巨头，其总收视量占到了所有节目收视量的56.7%。新闻时事类节目的市场格局基本保持稳定，节目的收视量继续由中央级频道以及省级地面频道主导，卫视频道新闻类节目收视份额占到了全部频道的56%，中央级频道新闻类节目收视份额较上年有所增加，省卫视以及省级非上星频道所占份额则均有不同程度地减少②。

2015 年全国电视新闻节目收视市场中，中央级频道仍然占据着最重要的位置，以 3.8% 的播出量获得了新闻节目收视的最大份额（37.5%）。2016 年，新闻类节目以 10.7% 的播出比重获得了观众13.8% 的收视比重。2016 年全国电视新闻节目收视市场中，中央级频道仍然占据着最重要的位置，以 4.0% 的播出量为新闻节目贡献了最高的收视份额（40.7%）③。

凤凰卫视是全球性华语卫星电视频道，是华语媒体中最有影响力的媒体之一。凤凰卫视总部位于香港，但该台并不以香港作为主要目标市场，其主要目标对象是全世界包括海外华人观众。凤凰卫视最初在高等教育机构、涉外小区和宾馆落地，广东全省也可收看。近年来，其节目均可通过其官网（凤凰网）免费观看。

在分析报道样本时，我们通过央视网以"职工""农民工"分

---

① 王彩屏. 2016 年中国广电行业发展报告［EB/OL］. 搜狐网，2017 – 06 – 28.
② 王钦（CSM 媒介研究）. 2014 年中国电视收视市场回顾［J］. 现代传播，2015（4）.
③ 2016 年新闻节目收视概况与竞争格局［EB/OL］. 搜狐网，2017 – 05 – 02.

别和"维权""讨薪"等关键词组合后进行搜索，对获得结果进行筛查，得到近两百个样本，它们不局限于某个频道，也不局限于某一年。

在选择凤凰卫视的报道样本时，由于全面数据不易获得，我们选择了它的一个名牌栏目《社会能见度》来分析。开播于2005年的该栏目在介绍中说，"《社会能见度》围绕对国计民生有重要影响的主题，层层追查，毫不留情，敢于触碰灰色地带和具有争议的问题，对其进行深入解剖分析，抽丝剥茧，用另类的角度呈现事件真相。并带来深刻的思考。"正是因为它不回避，并且秉持民生指向，眼光向下，所以非常有代表性。

通过《社会能见度》栏目在凤凰网上的官方博客，我们获取了2006年2月到2015年7月的节目文稿，其中有不少节目是和职工权利有关的。

二、研究内容：职工权利议题的电视媒体呈现

就职工权益来说，其基本类型如下①：

1. 人身方面的权利：就业权②、职业安全权③、休息权（包括休假权、休养权）、退休权④；

---

① 王天林. 劳工权益的国际化保护趋势研究——劳工标准视角 [D]. 济南山东大学，2007.

② 就业权是指具有劳动能力的公民依法享有从事社会劳动的权利，主要包括职业获得权、自由择业权和平等就业权。

③ 职业安全权，又称劳动安全权或劳动保护权，是指劳动者在劳动过程中，享有身体健康和生命安全，免遭职业伤害的权利。

④ 退休权：指公民享有到达一定年龄之后，回家休养而其所属单位或者国家不停发工资的权利。

2. 经济方面的权利：劳动报酬权①、福利待遇权②、社会保障权③；

3. 政治和文化方面的权利：团结权（结社权）④、罢工权、职业教育权（培训权）、民主管理权。

我们在分析相关报道时，在"涉及的权利"选项中，基本参照上述分类。

（一）央视报道的职工权利议题

由于央视有十几个频道、栏目众多，为了体现代表性，我们在2015年8月初搜索了央视网的视频库，时间跨度十几年（从2003年11月底到2015年8月初）。我们的重点样本是《焦点访谈》和《经济半小时》两个栏目：

1. 《焦点访谈》栏目于1994年由中央电视台新闻评论部创办，在央视综合频道和新闻频道每晚天气预报后的黄金时段并机播出。其节目定位是：时事追踪报道、新闻背景分析、社会热点透视、大众话题评说。它以深度报道为主，以舆论监督见长，是中央电视台收视率最高的栏目之一。通过中央政府嘉奖、领导题词，它实际上

---

① 劳动报酬权是指劳动者基于劳动关系向雇主提供劳动力而获得劳动报酬的权利。在内容上包括劳动报酬谈判权、劳动报酬请求权和劳动报酬支配权。
② 福利待遇权是指劳动者所享有的由用人单位提供的集体福利事业和某些补助和补贴的权利。
③ 社会保障权，又称为劳动保障权，是指劳动者获得社会保险和福利的权利。
④ 团结权，又称结社权，狭义上指劳动者组织和参加工会并保证工会自主运行的权利，广义上的团结权则是指劳动者运用组织的力量对抗雇主以维护自身利益的权利。

是一种"新型的行政治理技术手段"①。

就职工权利议题来说，大多属于舆论监督类题材，同时也是官方行政治理中重要内容之一，因此与《焦点访谈》栏目契合度非常高。

2.《经济半小时》开播于 1989 年 12 月 18 日，该栏目正式开播。它是中央电视台创办最早，影响最大的名牌经济深度报道栏目。就职工权利类型来说，与经济相关的权利占绝大多数，因此职工权利也是《经济半小时》最关注的题材之一。

需要说明的是，上述两个栏目外的职工权利相关新闻报道非常多，且不少新闻内容雷同，所以我们进行了筛选，选择每个年度重要的新闻报道。

通过我们的不完全统计（见文后附表），筛选出央视关于职工权利的相关报道约 150 条（个）（有消息，更多的是专题节目），体现了如下特点：

1. 年度分布

报道比较多的年份是 2005 年、2010 年、2011 年、2013 年、2014 年、2015 年。最少的是 2008 年。虽然我们的统计并不全面，但《焦点访谈》和《经济半小时》两个栏目的节目是全面筛查，所以还是有一定的代表性。

如果我们细看每一年份的报道条目，其实数量差别并不大。这说明十多年来，职工权利相关的议题一直是央视关注的焦点之一。

---

① 朱羽君，高传智，等. 瞭望之路：中国广播电视新闻改革研究课题报告［M］. 北京：中国传媒大学出版社，2008：89.

而职工权利被侵害的现象并未因时间的推进而消失。

另外，从报道的节点看，春节前后是报道相对特别集中的。比如最典型的是 2012 年 1 月 12 日起，新闻频道在"走基层"栏目中播出 7 集连续报道《蹲点日记：杨立学讨薪记》；当年 1 月 14 日起，在《新闻联播》中播出 4 集连续报道，聚焦民生热点"农民工讨薪"，包括《蹲点日记：杨立学讨薪记》。而 2012 年 1 月 23 日是春节。

2. 报道对象

按出现频次高低排列，分别是方针政策（45 次）、个体（43 次）和群体（35 次）。也就是说央视在报道职工权利时，非常重视新的方针政策的出台（如法规、部委行动），也非常强调呈现个体抗争的故事。在这些个体故事中，也有会方针政策的介绍。

在个体或群体的故事中，民工（农民工）出现了 40 次之多。这说明作为基层的农民工往往是权益受损的主要对象，也是央视主要关注的对象。

在我们的不完全统计中，没有发现一例劳工 NGO 的报道。

3. 权利类型

劳动报酬权出现频次是最高的（60 次），其他权利的频次分别为：职业安全权（20 次）、社会保障权（15 次）、就业权（13 次）、福利待遇权（8 次）、结社权（6 次）。

因此，在筛选出来的众多报道中，大多数是关于薪酬的，大部分是关于农民工欠薪的报道。职业安全权除了健康权（如尘肺病）外，还有生命权（如矿难）。就业权则包括就业歧视（如乙肝患者）

等。社会保障权中有不少是关于保障性住房的报道。

对结社权，我们取得广义上的概念，即劳动者运用组织的力量对抗雇主以维护自身利益的权利。我们把农民工自学法律，用法律的途径为自己和周围的人争取工钱的行为，讨薪的五百农民工集体行动起来讨薪的行动都归入结社权序列。

4. 从权利的类型看，与职工人身相关的权利和与经济相关的权利被侵犯最多，政治和文化方面的权利报道较少，罢工权、职业教育权（培训权）和民主管理权基本没有涉及。

（2）凤凰卫视《社会能见度》中的职工权利议题

凤凰卫视《社会能见度》栏目是周播节目（周四21：50—22：27；重播时间：周五03：40—04：25、15：15—15：55）。

我们研究的节目时间段是从2006年2月16日到2015年7月16日，一共播出近480多期节目。

这些节目中（见文后附表），近40个节目都是与职工权益相关的。其体现出以下几个特点：

1. 从年份看，2009年、2010年相关节目最多，2012年和2013年最少，均为两期。

表1-9

年份	节目期数
2006	5
2007	4
2008	2
2009	6
2010	6

续表

年份	节目期数
2011	5
2012	2
2013	2
2014	3
2015	4

2. 从报道对象来看，个体和群体最多，劳工 NGO 最少。在个体中，农民工最多。

但值得注意的是，职工权利受损的对象其实不限于基层的农民工，也包括代课老师、社区医生甚至航空公司飞行员等。近年来，一些教师罢工、法官上访的新闻屡见报端，也说明各个阶层都有可能出现权利受损现象。

3. 从涉及的权利类型来说，劳动报酬权出现频次是最高的，共15期节目都与它有关。在欠薪、讨薪的案件中，出现极端行为（如暴力伤人、杀人）比较常见。

值得关注的是，就业权出现的频次也非常高，有的是因为疾病（如乙肝），更多的是因为身份（如农民、非正式工）导致就业机会的不公平。职业安全权也是近年来媒体比较关注的，比较突出的是尘肺病。此外，一些公司（如富士康公司）职工自杀现象，亦可算职业安全权被侵犯范畴。

4. 职工子女的教育问题算是职工的衍生权利，在《社会能见度》中，对打工子弟学校有多次报道。

5. 从权利的层次看，与职工人身相关的权利和与经济相关的权利被侵犯最多，政治和文化方面的权利报道较少，罢工权、职业教育权（培训权）和民主管理权基本没有涉及。

三、研究结论与讨论

从央视和凤凰卫视《社会能见度》关于职工权利的相关报道来看，电视媒体在十多年来一直在关注这一议题，报道的频次每年都算是高的（2008 年除外，或因受北京奥运会影响），而且报道的规格也很高（如《新闻联播》《焦点访谈》等央视收视率第一、第二的栏目）。

在所有报道中，主要集中在经济方面的权利（以劳动报酬权为代表）和人身方面的权利（以职业安全权为代表）。从央视与凤凰卫视的节目比较来看，央视基本没有报道过劳工 NGO，而作为境外频道的凤凰卫视则在报道中多有涉及。

在肯定电视媒体在报道职工权利议题的正面表现的同时，也有一些问题值得探讨：

（一）个案呈现与制度性思考

电视媒体由于其特性，节目内容大多通俗易懂，也容易出现尼尔·波兹曼所说的"娱乐至死"。法国社会学家布尔迪厄则以犀利的分析有力地揭露了电视在资本主义社会中两个基本功能：反民主的象征暴力和受商业逻辑制约的他律性。它便构成了《关于电视》的两个基本主题①。

---

① 〔法〕布尔迪厄. 关于电视 ［M］. 许钧，译. 沈阳：辽宁教育出版社，2000：6.

回到中国的语境，电视媒体报道除了兼具煽情性和受制于收视率（商业逻辑制约）外，同时也受宣传政策的影响。

一个典型的案例是央视《新闻联播》2012 年推出的"新春走基层"专题报道。它实际是中宣部、中央外宣办、国家广电总局、新闻出版总署、中国记协等五部门联合部署"走基层、转文风、改作风"活动的新闻实践。

于是我们看到，《新闻联播》的"蹲点日记"呈现了一些普通人讨薪的故事（最典型的是以新闻连续剧呈现的"杨立学讨薪记"）。

但事实上，呈现个体故事是电视媒体报道职工权利议题的主流，从 2003 年时任总理温家宝帮农民工讨薪起一直没有变。

那么，电视媒体在报道职工权利时如何能够更具系统性和建设性，在议程设置上如何增强自主性，这都是应该思考的问题。

（二）报道对象与权利呈现的广泛性

根据 2001 年修订的《中华人民共和国工会法》，职工是指"在中国境内的企业、事业单位、机关中以工资收入为主要生活来源的体力劳动者和脑力劳动者"。可以说它是广义上的职工，包括职员和工人。本书中的职工，亦指广义上的职工。

但通过我们对电视节目的检视，与职工权益相关的报道大多体现在农民工这一群体。当然，我们可以说这是对现实社会的反映：因为作为最基层的劳动者，其弱势地位导致其权益受损常见、维权艰难。

但事实上，除基层职工外，一些中、高层职工同样也有权益受损的情况，包括基本的经济报酬权。比如说，同工不同酬现象，实际上在很多行业和单位都有，就连媒体单位也有，但这些议题却很难成为报道的内容。

此外，与职工相关的权利也是多样的。我们发现，电视媒体在报道时，首先大多数集中在经济方面的权利（劳动报酬权、福利待遇权、社会保障权）；其次，是人身方面的权利（就业权、职业安全权、休息权、退休权）。

（三）监督的连续性与层次性

一方面，职工权益的维护有赖于新闻媒体监督力量的介入；另一方面，职工权益意识的提高与媒介素养的提高又正相关。

正如有学者指出的那样："新闻的监督权力、民主参与功能成功扩张的必要条件是：市场经济和私有产权成为社会经济活动基础，平等自治契约性关系成为社会内在关系，尊重和保护社会成员基本权利成为基本的法制原则，出现社会成员以尊重个人的选择自由并辅以相应的责任为参与各种活动的基础，并有意愿参与和影响国家的活动和政策的市民社会萌芽之时。"①

因此，就新闻媒体与职工权益来说，实现其良性互动无疑是个系统工程。但就电视媒体来说，还有不少差距。比如注重监督的连续性，而不是被动地接受指令（多来自传媒管理机构），偏重时机（比如春节前后是报道的集中期）。而在一个正常的媒介生产过程中，职工权益议题并不是权宜的，而是长期的。

---

① 朱羽君，高传智，等. 瞭望之路：中国广播电视新闻改革研究课题报告 [M]. 中国传媒大学出版社，2008：26.

另外，在监督的层次方面，电视媒体还有提升的空间。由于电视的传媒特性，煽情化、娱乐化是其重要表征，所以我们看到，个人维权的悲情故事在电视节目中很常见，这当然很容易赚得收视率。在报道中，与个人相对立的，往往是其供职的单位，不少都是临时雇主。这种简单化、二元化的报道呈现方式，对个体命运的改变，可能有用，但对群体来说，却很难说有多大作用。

因此，从监督的范围上，应该有所扩大。除了雇主，我们是否应该报道当地相关政府部门的不作为，相关法律、法规存在的不足。正如在报道富士康青年员工连续跳楼自杀事件中，电视媒体呈现个体的悲情故事无可厚非，但是若只停留在批评富士康是"血汗工厂"，大不了换来雇主郭台铭一句道歉，然后用防护网杜绝跳楼了事。这虽然能解决一时的问题，但实际上对职工权益的根本改善作用甚微。事实也证明了这一点：几年后富士康员工仍有自杀的。

所以，我们认为，将舆论监督作为一种常态化的设计，且注重监督的层次和范围，将有利于职工权利维护的广泛性和有效性。

附：

表 1–10　央视职工权利议题的相关报道[①]

播出时间		节目名称	栏目名称	播出频道	报道对象	涉及的权利类型
2015	0806	中华全国总工会公布上半年十起欠薪典型案件	新闻直播间	新闻频道	方针政策	劳动报酬权

———————————

① 样本在统计年月时，是按倒序排列的，特此说明。

续表

播出时间		节目名称	栏目名称	播出频道	报道对象	涉及的权利类型
2015	0724 0723	农民工返乡创业调查 （二）坎坷创业路 农民工返乡创业调查 （一）创业园为何变冷清	焦点访谈	综合频道 新闻频道	个体、 方针政策	就业权、 劳动报酬权
	0303	农民工的工伤谁来管	焦点访谈	综合频道新 闻频道	个体	职业安全权
	0218	广东深圳：700多欠薪外 来工终于拿到工资	东方时空	新闻频道	群体	劳动报酬权
	0212	云南昆明：欠薪90多万 农民工讨薪近一年无果	经济信息联播	经济频道	群体	劳动报酬权
	0212	财经调查：漫漫讨薪路 云南：推进农民工实名制 管理 规范工资发放	交易时间	经济频道	群体	劳动报酬权
	0210	谁欠的薪 谁欠的账	焦点访谈	综合频道新 闻频道	群体	劳动报酬权
	0204	六年艰难讨薪路	聚焦三农	军事农业 频道	个体	劳动报酬权
	0124	视点：难讨的"公"薪 （各地政府拖欠工程款及 民工讨薪的节目）	新闻周刊	新闻频道	群体	劳动报酬权
	0121	广东广州：老板失联 上百员工讨欠薪	东方时空	新闻频道	群体	劳动报酬权
	0116	十部门联合部署保障农民 工工资支付：严厉打击欠 薪犯罪行为	新闻直播间	新闻频道	方针政策	劳动报酬权
	0105	讨薪农妇的"非正常" 死亡	新闻1+1	新闻频道	个体、 方针政策	劳动报酬权、 生命权

续表

播出时间		节目名称	栏目名称	播出频道	报道对象	涉及的权利类型
2014	1227	山西：网传"女工讨薪命丧派出所"农民工非正常死亡，检方正在调查	新闻直播间	新闻频道	个体、方针政策	劳动报酬权、生命权
	1101	过劳的麻醉师	焦点访谈	综合频道新闻频道	个体	休息权
	0920	"新常态"下看就业	焦点访谈	综合频道新闻频道	方针政策	就业权
	0821	打工遭遇黑中介	焦点访谈	综合频道新闻频道	个体	就业权、劳动报酬权
	0809	矿井深处的罪恶	焦点访谈	综合频道新闻频道	个体	职业安全权
	0809	"老赖"难再赖	焦点访谈	综合频道新闻频道	方针政策	劳动报酬权
	0803	昆山金属厂特大爆炸事故追踪	焦点访谈	综合频道新闻频道	群体	职业安全权
	0324	出重拳 管"老赖"	焦点访谈	综合频道新闻频道	方针政策	劳动报酬权
	0126	法院协助欠薪方转移资产 农民工讨薪13年无门	经济半小时	经济频道	个体	劳动报酬权
	0126	新春走基层 蹲点日记：田大姐的艰难讨薪路	新闻联播	综合频道新闻频道	个体	劳动报酬权
	0126	法院协助欠薪方转移资产 农民工讨薪13年无门	经济半小时	经济频道	个体	劳动报酬权
	0127	拖欠一年半 田大姐拿到工钱	新闻联播	综合频道新闻频道	个体	劳动报酬权
	0123	讨薪记（南宁市江南区劳动保障监察大队副大队长陈美杏年前奔走工地，为农民工追讨欠薪）	新闻直播间	新闻频道	个体	劳动报酬权

续表

播出时间		节目名称	栏目名称	播出频道	报道对象	涉及的权利类型
2013	1230	武胜说法（陕西普通农民孙武胜讲述他自学法律，用法律的途径为自己和周围的人争取工钱的故事）	实话实说	综合频道	个体	劳动报酬权、结社权
	1229	记者调查：农民工讨薪成无理取闹 被打背后有何隐情	新闻直播间	新闻频道	个体	劳动报酬权
	1222	讨薪再陷困局?	焦点访谈	综合频道新闻频道	方针政策、群体	劳动报酬权
	1213	农民工讨薪	焦点访谈	综合频道新闻频道	个体	劳动报酬权
	1127	江苏连云港：讨薪之痛	聚焦三农	农业军事频道	个体	劳动报酬权
	0831	1200 名讨薪农民工	新闻周刊	新闻频道	个体、群体	劳动报酬权
	0703	隐患不除 矿难未已	焦点访谈	综合频道新闻频道	方针政策	职业安全权
	0509 0510	刘建光讨薪记（上、下）	讲述	科教频道	个体	劳动报酬权
	0510	别让环卫工再受伤	焦点访谈	综合频道新闻频道	个体	职业安全权
	0312	问计"两会"：让求职招工不再慌	焦点访谈	综合频道新闻频道	方针政策	就业权
	0226	节后又逢"用工荒"	焦点访谈	综合频道新闻频道	方针政策	职业安全权
	0124	四川：带病讨薪农民工急等救命钱	新闻直播间	新闻频道	个体	劳动报酬权

续表

播出时间		节目名称	栏目名称	播出频道	报道对象	涉及的权利类型
2013	0123	走基层 – 为人民服务新观察 山东：王国君的义务讨薪路	新闻直播间	新闻频道	个体	劳动报酬权、结社权
	0122	最高法 惩治恶意欠薪：恶意欠薪五千元以上即可入罪 惩治恶意欠薪：恶意欠薪入刑近两年百余人获刑	新闻直播间	新闻频道	方针政策	劳动报酬权
2012	1219	"恶意欠薪"：入刑，更要落地！	新闻1＋1	新闻频道	方针政策	劳动报酬权
	0829	廉租房 怎么分	焦点访谈	综合频道新闻频道	方针政策	福利待遇权
	0717	你找工作我帮忙	焦点访谈	综合频道新闻频道	方针政策	就业权
	0517	谁在出卖我的信息	焦点访谈	综合频道新闻频道	个体	隐私权
	0301	新生代农民工求职记（用工荒）	焦点访谈	综合频道新闻频道	个体	就业权
	0201	依法打击恶意欠薪	焦点访谈	综合频道新闻频道	方针政策	劳动报酬权
	0120	解决欠薪难不难	焦点访谈	综合频道新闻频道	方针政策	劳动报酬权
	1月14日起	播出4集连续报道，聚焦民生热点"农民工讨薪"，包括《蹲点日记：杨立学讨薪记》	新闻联播	综合频道新闻频道	个体	劳动报酬权
	1月12日起	7集连续报道《蹲点日记：杨立学讨薪记》	走基层	新闻频道	个体	就业权

续表

播出时间		节目名称	栏目名称	播出频道	报道对象	涉及的权利类型
2011	1226	《法官帮讨薪，农民工领回血汗钱》（山东莱阳法院法官为205名农民工讨回22万元血汗钱）	共同关注	新闻频道	个体	劳动报酬权
	1207	打击恶意欠薪：9部委召开会议 让"薪"不再用"讨"2013年全国基本实现"不欠薪"	新闻直播间	新闻频道	方针政策	劳动报酬权
	1207	依法讨薪，为什么还这么难！	新闻1+1	新闻频道	个体、方针政策	劳动报酬权
	1206	信访如何不再难	焦点访谈	综合频道新闻频道	个体、方针政策	社会保障权
	0830	为了26名矿工兄弟（黑龙江七台河煤矿透水事故）	焦点访谈	综合频道新闻频道	群体	职业安全权
	0529	缩水的廉租房	焦点访谈	综合频道新闻频道	群体	福利待遇权、社会保障权
	0510	深圳撤回"禁民工上访讨薪"文件	新闻1+1	新闻频道	方针政策	新闻频道
	0317	（黑龙江双鸭山）安置房何以被套取	焦点访谈	综合频道新闻频道	群体	福利待遇权、社会保障权
	0128	农民工工资不容拖欠（北京、山东等地建筑公司农民工故事）	焦点访谈	综合频道新闻频道	群体	劳动报酬权
	0112	惠泽民生的保障房	焦点访谈	综合频道新闻频道	方针政策	福利待遇权、社会保障权
2010	1218	全总下发通知帮农民工追讨欠薪	朝闻天下	新闻频道	方针政策	劳动报酬权

续表

播出时间		节目名称	栏目名称	播出频道	报道对象	涉及的权利类型
2010	1204	法治的力量 2010—12.4 十年法治人物颁奖盛典（讨薪的五百农民工群体被评为十年法治人物之一）	《今日说法》栏目承办	综合频道	群体	劳动报酬权、结社权
	0911	工资为何变饭票（武汉建筑公司农民工）	焦点访谈	综合频道新闻频道	群体	劳动报酬权
	0902	[法律链接] 恶意欠薪或将入罪 维权要理性	法治在线	新闻频道	方针政策	劳动报酬权、结社权
	0715	顶风而上的集资建房	焦点访谈	综合频道新闻频道	群体	福利待遇权、社会保障权
	0710	公租房圆安居梦	焦点访谈	综合频道新闻频道	方针政策	福利待遇权、社会保障权
	0313	谁为农民工维权　两会期间（探讨工会是否能承担重任）	新闻调查	新闻频道	方针政策	劳动报酬权
	0221	无尘车间的怪病	焦点访谈	综合频道新闻频道	群体	职业安全权
2009	1230	走出乙肝歧视的误区	焦点访谈	综合频道新闻频道	方针政策	就业权
	0813	人大监督为保障性住房把关	焦点访谈	综合频道新闻频道	方针政策	就业权
	0810 0809	黑砖窑何以泛滥 黄河边上黑砖窑	焦点访谈	综合频道新闻频道	群体、方针政策	职业安全权
	0409	"社保卡"破解看病难	焦点访谈	综合频道新闻频道	方针政策	社会保障权
	0215 0216 0217	创业在家乡——农民工返乡之后（一）创出新天地——农民工返乡之后（二）他乡再就业——农民工返乡之后（三）	焦点访谈	综合频道新闻频道	群体、方针政策	就业权

播出时间		节目名称	栏目名称	播出频道	报道对象	涉及的权利类型
2008	1204	七台河矿难再现监管漏洞	焦点访谈	综合频道新闻频道	群体	职业安全权
	0303	珠三角招工的瓶颈	经济半小时	经济频道	群体	就业权、劳动报酬权
	0225	深圳农民工掀起退保潮	经济半小时	经济频道	群体	社会保障权
	0214	工会帮扶送温暖	焦点访谈	综合频道新闻频道	方针政策	社会保障权
2007	1227	《劳动合同法》诞生记	经济半小时	经济频道	方针政策	就业权、劳动报酬权、社会保障权
	1207	谁在误读《劳动合同法》	经济半小时	经济频道	个体、群体、方针政策	就业权、劳动报酬权、社会保障权
	1109	细问带薪休假	经济半小时	经济频道	群体、方针政策	福利待遇权
	0601	民工"司令"张全收	经济半小时	经济频道	劳工 NGO	结社权
	0406	廉租房,考验政府责任	经济半小时	经济频道	方针政策	社会保障权
	0202	讨薪路上	新春媒体行动《春暖人心》	社会与法频道	个体	劳动报酬权
2006	0830	半小时观察:高温立法为何缺失	经济半小时	经济频道	方针政策	职业安全权、福利待遇权
	0809	半小时观察:记者生死卧底七昼夜,疯狂小煤窑叫板李毅中	经济半小时	经济频道	方针政策	职业安全权
	0525	山西省左云县新井煤矿发生透水事故	经济半小时	经济频道	群体	职业安全权
	0510	出租车"份儿钱"黑洞	经济半小时	经济频道	群体	劳动报酬权、休息权
	0327	目击开县天然气井渗漏事故	经济半小时	经济频道	群体	职业安全权

续表

播出时间		节目名称	栏目名称	播出频道	报道对象	涉及的权利类型
2006	0309	小丫跑两会（七）：谁来为农民工的医疗费买单	经济半小时	经济频道	群体、方针政策	社会保障权
	0206	走近甘肃代课老师	经济半小时	经济频道	群体	劳动报酬权、社会保障权
2005	0827	（山西）黑煤窑的背后	经济半小时	经济频道	个体	职业安全权
	0822	非法劳务（威海非法组织劳务人员出国打工案）	经济半小时	经济频道	个体	职业安全权
	0812 0809	广东兴宁矿难再调查 广东兴宁矿难调查	经济半小时	经济频道	群体	职业安全权
	0728	东莞：工厂惊现"娃娃工"	经济半小时	经济频道	群体	职业安全权
	0713	阜康特大矿难	经济半小时	经济频道	群体	职业安全权
	0527 0526 0525	职业病之痛系列报道 三、铅毒之忧 二、中毒 一、尘肺病	经济半小时	经济频道	群体	职业安全权、社会保障权
	0304	小丫跑两会之二：农民工讨欠	经济半小时	经济频道	个体、方针政策	劳动报酬权
	0204	《这一年，你还好吗?》之讨债（重庆綦江县石壕镇农民刘天会北京讨薪）	经济半小时	经济频道	个体	劳动报酬权
2004	1208	讨薪农妇熊德明讲述维权始末	社会记录	新闻频道	个体	劳动报酬权
	1208	讨薪农妇熊德明坦陈维权感受	新闻会客厅	新闻频道	个体	劳动报酬权、结社权
	1028	又到民工讨薪时	东方时空	新闻频道	个体、方针政策	劳动报酬权

续表

播出时间		节目名称	栏目名称	播出频道	报道对象	涉及的权利类型
2004	0113 0111 0110 0109	系列报道《为民工讨工钱：省部长谈对策》： 四川省谈对策 湖南省副省长谈对策 陕西省副省谈措施 黑龙江省副省长谈对策 安徽省长谈对策 为民工讨工钱 建设部长谈措施	经济半小时	经济频道	方针政策	劳动报酬权
	0108	被推诿的工伤认定——关注农民工（五）	焦点访谈	综合频道新闻频道	个体、方针政策	劳动报酬权
2003	1228	2003年CCTV中国经济年度社会公益奖：熊德明	中国经济年度人物评选颁奖典礼	经济频道	个体	劳动报酬权
	1219起	推出系列节目："为民工讨工钱——我们在行动"，包括：政府办公大楼赊账三千万、漫漫8年讨薪路 白了少年头、张兰考的24次追讨欠薪、孙武胜打官司、百万欠薪卡在哪、谁在欠薪（熊德明的故事）	经济半小时	经济频道	个体、群体、方针政策	劳动报酬权
	1130	关注农民工（二）（张志强讨回自己应得的120元劳动所得未果）	焦点访谈	综合频道新闻频道	个体	劳动报酬权
	1117	百日追薪　各地帮农民工讨工资	地方社会新闻	新闻频道	个体	劳动报酬权

表 1－11　凤凰卫视《社会能见度》职工权利议题相关报道①

播出日期		节目名称	内容提要	报道对象	涉及的权利类型
2015	0716	向阳花之死——女工组织生存调查	向阳花是位于广东番禺的一个为女工争取合法权益的公益组织，三年来不断被迫迁址直到无地办公，面临被撤销的命运。	劳工NGO	结社权
	0702	信贷员之死	河南省西平县 4000 多户农民被套 2 亿血汗钱，相关公司已因涉嫌非法集资被立案，两名业务员不堪压力先后自杀。	个体	职业安全权
	0122	讨薪女工之死	女民工周秀云，河南省周口市郸城县人。2014 年 12 月 13 日 16 时许，其子王奎林和 3 名工友来到太原"山西四建集团经贸龙瑞苑工程项目"工地北门，欲找项目部负责人讨要工钱，但被保安拦在门口并发生口角及推搡。辖区派出所民警到场后，周秀云遭到拽头发、拧脖子等暴力侵害而死亡。	个体	劳动报酬权
	0129	五年——张海超维权之路	2009 年为了证明自己患了"尘肺"职业病，河南籍的农民工张海超自掏腰包，剖开胸膛，其近乎惨烈的方式让他成了中国"开胸验肺"的第一人。如今五年多的时间过去了，张海超已经成了"尘肺病"农民工的灵魂人物，但是，他替尘肺病工友的维权之路却并不平坦。	个体	职业安全权、结社权

---

①　样本在统计年月时，是按倒序排列的，特此说明。

播出日期		节目名称	内容提要	报道对象	涉及的权利类型
2014	1113	维权科长王晓荣	四川省巴中市政府设有农民工维权中心，副主任王晓荣被巴中百万外出农民工称作是"维权勇士"：12年的时间里辗转36个城市，跋涉近百万公里，累计为巴中数以万计的农民工成功地索赔和讨回薪资，超过了4亿元。	个体	劳动报酬权、结社权
	0130	被忽视的医生	医改35年，中国将全面建立家庭医生制度。在北京方庄卫生服务中心，医生的学历、医疗水平远远超过了北京市社区服务站的平均水平，更超过了全国平均水平。虽然工资差强人意，但位于首都、又成为行业样板，这里的医生在职业发展方面获得了更多的机会，能安心于社区。	群体	劳动报酬权
	0109	货车司机之困	46岁的货车司机王金伍从2005年开始，和公路三乱较上了真。如今他的生活重心已经不是大货车上狭窄的驾驶室，而是奔走在全国各地，为货车司机维权。从2005年到现在，已经3000起左右，最低3000元起。维权的成功率达到85%左右。	个体	劳动报酬权、结社权
2013	1107	渔夫之死	常州国家动画产业基地，渔夫动漫公司背负上千万元外债，虽然欠薪18个月，员工坚定追随，老板余洛屹却选择自缢身亡。	个体	劳动报酬权
	0822	裸模的官司	三个来自昆明远郊的农村姑娘，在云南艺术学院做专业裸模十年以上，已经失业三个月了。于是她们聘请了律师，正在打一场劳动纠纷官司。她们要求签订无固定期限合同。	群体	就业权、劳动报酬权

续表

播出日期		节目名称	内容提要	报道对象	涉及的权利类型
2012	1227	清尘	中国有 600 万尘肺病农民工，他们正成为跪着死去的一个群体。2011 年 6 月 15 日，由王克勤联合中华社会救助基金会共同发起的"大爱清尘·寻救尘肺病农民兄弟大行动"在北京启动。	劳工 NGO	职业安全权、结社权
	0830	保卫"同心"	北京同心打工子弟学校七年办学，面临学校被关停的命运。目前，北京有大约 200 多所民办学校，承担着九年义务制教育当中的任务，然而大多数无办学资质，随时面临着被关停的命运。	教育机构	教育公平权
	0826	最后一课	北京海淀西三旗的红星小学一夜之间被夷为平地。 在北京，和红星学校有着相同遭遇的一共有 24 所学校，自 6 月中旬起，大兴、朝阳、海淀多所学校相继收到关停通知，涉及近 3 万名学生。这些学校的共同点是，都是打工子弟学校。	教育机构	教育公平权
2011	0505	飞不出的疯人院	43 岁的徐武本是武汉钢铁集团下属炼铁厂保卫科的一名工作人员。2003 年始，因不满"同工不同酬"问题，徐武将工作单位告上法庭。一审败诉、二审驳回，不接受调解，只要"公正判决"，从此他开始了不断上访的生涯，结果被当成"精神病人"，强制"住院"4 年。2011 年 5 月，他从病房逃脱跑到广州向媒体寻求帮助，结果被武汉警方抓回。	个体	就业权、劳动报酬权、结社权
	0407	乐山尘肺病调查	乐山市 60 多名尘肺病患者网上发求助信。他们从 1990 年起，他们相继在凉山州甘洛县的铅锌矿区井下从事爆破开采作业，2003 年返乡回家后相继患病，来自沐川县的两个村子中已有 9 人死亡。就在这个春节之前，1 月 31 日，39 岁的王祖华病故，成为这一群体中最近死亡的病例。	群体	职业安全权

续表

播出日期		节目名称	内容提要	报道对象	涉及的权利类型
2011	0217	我想工作——残疾人就业调查	在就业和求职的过程中，残疾人遭到歧视。	群体	就业权
	0106	智障"包身工"事件调查	2010年12月13日，媒体曝光：智障工人遭受非人奴役，被困新疆长达三年。随后，警方逮捕了这些工人的幕后老板。但有关这些工人所属的组织"残疾人自强队"是否属于非法组织，当地政府和老板的家属各执一词……	群体	就业权、职业安全权、休息权
2010	1125	被"遗忘"的邮递员	在四川省和重庆市的乡村地区，不少乡村邮递员从1960年开始，翻山越岭为那些地处偏僻农村地区的人们，送去报纸，信件，各种各样的包裹。但在邮政系统的正式员工里面，却找不到他们的名字。他们工资低，工作量大，没有节假日，没有休息天。	群体	劳动报酬权、休息权、退休权
	0902	矿井下的冤魂	电影《盲井》现实版：2009年7月21日，四人以打工的名义，将韩俊红骗至房山一非法煤窑处。在井下的巷道内，韩俊红被黄现忠用铁锤击打头部死亡。随后，黄玉才、黄现忠伪造矿难现场。	个体	职业安全权
	0527	富士康自杀调查	富士康出现了多起员工自杀事件（媒体称之为"十二跳"）。劳累？冷漠？辱骂？什么才是自杀背后的真正凶手？原富士康员工讲述他们的故事。	群体	劳动报酬权、休息权、职业安全权
	0318	照不进现实的梦想——中国代课教师生存调查	按照教育部在2006年提出的要求，为了优化教师队伍，全国40多万名代课老师将全部予以清退。	群体	就业权、劳动报酬权
	0225	三年寻子记	15岁少年袁学宇被绑架，身陷黑砖窑。2007年到2009年，其父袁成参与解救了一百多个孩子，自己的儿子却至今下落不明。	个体	就业权、职业安全权、休息权

续表

播出日期		节目名称	内容提要	报道对象	涉及的权利类型
2010	0121	教师中的民工——代课教师悲情落幕	在中国，代课教师人数最多的时候曾经达到了五百多万，占全国教师总数的60%，占全国小学教师总额70%。现在，代课教师人数还剩下30多万。他们中一些被清退，极少数人有机会转正。	群体	就业权、劳动报酬权
2009	1224	中国式民工——打工者的民工调查报告	2009年10月，45万字的长篇小说《中国式民工》出版。该书以一个农民工13年的打工经历为原型，记录了农民工群体在城市里打拼的种种际遇、悲欢离合。作者周述恒自称要争取话语权，认为农民工"付出太多，得到太少"。	群体	劳动报酬权
	1203	弱小的强者——城市"蚁族"	他们受过高等教育、渴望繁华都市，无奈收入却非常微薄。他们怀揣无法释怀的青春梦想，扎根在城市的边缘农村，为梦想而活。	群体	劳动报酬权、休息权、福利待遇权、社会保障权
	0924	一位主编的遭遇	时年33岁的媒体主编石坚，因为得罪了原河北省委书记程维高，被以莫须有的罪名判刑，后因惊动了国家最高权力机关和多名高层领导，终得平反。2009年4月，石坚终于拿到了国家赔偿，此时距他被抓已过去了13年。7年的牢狱生活使石坚的健康受到极大影响。	个体	就业权、劳动报酬权
	0910	大学生村官	9年前，他们下乡做起村官，9年后，他们因被解除劳动合同上访讨说法。	群体	就业权、劳动报酬权
	0903	当打工子弟遭遇就业	姚莉2005年创办了百年职校，专招农民工的子女，只要年龄在16岁到22岁之间，初中毕业，身体健康，家庭贫困的学生都可以申请入学。学校免费还有免费午餐。	机构	就业权

续表

播出日期		节目名称	内容提要	报道对象	涉及的权利类型
2009	0709	跳桥 跳楼——弱者的"做秀"	今年上半年，仅在广州海珠桥，就发生了多达近 20 次的跳桥事件。类似事件背后居然还有策划师。28 岁的湖北人章和进就被冠以跳楼秀导演的称号。据媒体报道，从 2008 年初至今，他一共策划了 9 起农民工"跳楼讨薪"事件。不过，现在相关新闻能播出的很少，而章和进称以后不想再策划跳楼了。	群体	劳动报酬权、结社权
2008	0424	飞行员辞职调查	3 月 31 日，东方航空云南分公司从昆明飞往大理、丽江、版纳、芒市、思茅和临沧六地共 14 个航班，在飞到目的地上空后，不降落就直接返航，造成千余名乘客滞留昆明机场。这一飞行员隐性罢工事件使航空业内普遍存在的超时飞行，以及近年来频见端的飞行员与航空公司之间的矛盾被推到了风口浪尖。自 2006 年起，海航共有 22 名飞行员相继提出辞职。	群体	劳动报酬权、休息权、福利待遇权、结社权
	0103	民工司令	民工司令张全收真正的身份是深圳全顺人力资源开发公司的老板，做的是把民工介绍到企业的业务。凡是年满 18 岁的河南人到深圳打工，只要有劳动能力，他全部接受。	机构	结社权
2007	0927	悲酸暑期工	珠三角地区，未成年的学生暑期工渐渐形成一个庞大的群体，他们活跃于各家工厂车间，怀着锻炼自己或者赚取生活费的目的走进工厂，却往往遭遇劳动强度过大、不签劳动合同、被中介公司欺骗等等问题，有的甚至丢掉了生命。	群体	劳动报酬权、职业安全权

续表

播出日期		节目名称	内容提要	报道对象	涉及的权利类型
2007	0712	律师周立太	周立太从 1996 年在深圳开始专门为民工代理工伤索赔的官司，已受理各类工伤赔偿及劳动争议案件 7000 多件。他因代理民工打官司而声名鹊起，却又把民工告上了法庭。目前已有 600 多位民工拖欠了他将近 600 万的律师费无法收回。其律师事务所近半年未发工资。	个体	劳动报酬权、结社权
	0524	中国民工大马落难	2006 年 9 月，10 名河北定州劳工通过"河北海旅出入境咨询"中介公司来到马来西亚打工。结果到后没有钱、语言不通、打工证是假的，又联系不上海旅公司的人，万般无奈的民工们只得求助于中国领事馆。2007 年 4、5 月间，10 人中的 8 人陆续回国。	群体	劳动报酬权、职业安全权
	0301	最后的代课教师	惠志敏今年 43 岁，曾是甘肃庆阳市宁县良平乡的代课老师。2006 年夏天，被清退。	个体	劳动报酬权、退休权
2006	1026	被歧视的乙肝患者	仅仅因为自己是乙肝病毒携带者，2005 年刚毕业的大学生小杨到手的工作泡了汤，并感受到了无法容忍的歧视。为了讨回应有的权利，小杨将用人单位告上法庭。	个体	就业权
	1009	被打碎的头盖骨	天津市河东区顺驰太阳城的五号工地，来自湖北的民工向光辉在这里做木工活，他和同伴却始终没有拿到全部应得的工资，在向江苏籍的包工头讨要工资的过程中，包工头的手下和向光辉发生了肢体冲突，而在冲突中向光辉也被打成了颅骨粉碎性骨折。	个体	劳动报酬权

续表

播出日期		节目名称	内容提要	报道对象	涉及的权利类型
	0831	最后的打工学校	资金的匮乏和办学的非法性也使得打工学校居无定所，他们在城市的边缘四处搬迁，几乎每一所打工学校的历史都是一部辗转的搬家史。 王毅讲述了7年间新世纪学校的遭遇。	机构	教育公平权
2006	0518	被砍的民工	安徽省泗县几个村的35个农民在小包工头周敏的带领下，去山东济南一个工地打工。由于在工地没有活干，他们提出结完工钱回家，被上级包工头拒绝。一番争执之后，虽然成功领回了工钱，他们却在当晚回家路上遭遇了一场血腥的砍杀。	群体	劳动报酬权
	0216	维权民工孙武胜	46岁的孙武胜，陕西省富平县农民，因自学法律帮助农民工讨薪而成名。只有初中文化程度的他从2002年4月起，连打9场官司，全部胜诉，索回了自己被欠的8万元工钱。此后，他开始专为讨工钱的农民工打官司，成立工作室。	个体	劳动报酬权、结社权

第三节　舞台与局限：职工权利议题的互联网呈现

继报纸、杂志、广播、电视之后，网络越来越显示出不可替代的力量。早在1998年5月，联合国秘书长审时度势，在联合国新闻委员会年会上正式提出：互联网已成为继报刊、广播、电视之后的第四媒体。

正如一学者指出的，互联网引发了传播的结构革命，它意味着受时空所限的媒介和跨越时空的媒介间的界限消失了。其最重要的结构特征在于：它是电信传播、数据传播和大众传播在一个介质中的集成，这是融合的过程①。

一般来说，报纸、杂志、广播、电视属于传统的大众传媒。网络媒体则是集人际传播、组织传媒和大众传播于一体，是新型的大众传媒。在美国培生版的通用教材《大众传媒》一书中，互联网（The web）和电视、广播等同列为电子媒体，被称为最新的大众传媒②。中国有业者就表示，"网络媒体在主流化的道路上已经迈出坚实步伐，确确实实已经成为主流媒体的重要组成部分"③。

传统的和新兴的两类大众传媒同中有异：共同点是功能方面，提供信息、文化娱乐和教育等；不同点是新兴的网络媒体实现了多种传播方式的整合，信息的生产者不仅限于职业人士，也包括普通网民。

就社会影响来看，在不到 30 年的时间里，互联网最大的影响是"数字化生存"（Being Digital）的实现。富有远见的尼葛洛庞蒂在1990 年代就指出：

"今天，媒体实验室已经成为主流……数字一族的行动已经超越了多媒体，正逐渐创造出一种真正的生活方式，而不仅仅是知识分

---

① 〔荷〕简·迪·迪克. 网络社会——新媒体的社会层面 [M]. 蔡静, 译. 北京: 清华大学出版社, 2014: 7.

② 〔美〕约翰·维维安. 大众传媒 (*The Media of Mass Communication*) [M]. 英文影印版. 北京: 北京大学出版社, 2005: 6, 216.

③ 何加正. 网络媒体成为主流媒体重要组成部分 [EB/OL]. 人民网传媒频道, 2009 – 06 – 19.

子的故作姿态，这些网上高手结缘于电脑空间。他们自称为比特族或电脑族，他们的社交圈是整个地球"①。

这实际上凸显了互联网的一大特征：平台性。它并集合了信息生产和传播、娱乐、社交等多样功能。其中，随着 Web1.0 到 Web2.0 的进化，互联网的社交功能得以放大。这对包括职工在内的所有人产生了深远的影响。

一、职工是互联网使用的最大群体

2019 年 2 月 28 日，中国互联网络信息中心（CNNIC）在京发布第 43 次《中国互联网络发展状况统计报告》②。《报告》显示，截至 2018 年 12 月，中国网民规模达到 8.29 亿，占全球网民总数的五分之一。互联网普及率为 59.6%，超过全球平均水平 4 个百分点。中国已经成为世界互联网第一大国。

我国手机网民规模达 8.17 亿，较 2017 年底增加 6433 万人。网民中使用手机上网的比例由 2017 年底的 97.5% 提升至 98.6%，手机上网比例持续提升。

在职业结构方面，截至 2018 年 12 月，中国网民中学生群体占比仍然最高，为 25.4%；其次为个体户/自由职业者，比例为 20%。但如果我们再看网民中工作中人的比例，党政机关事业单位一般职员（2.6%）、企业/公司的管理人员和一般职员（12.9%）、商业服务业职工（5.2%）、专业技术人员（5.2%）、制造生产型企业工人

① 〔美〕尼葛洛庞蒂. 数字化生存［M］. 胡泳，译. 海口：海南出版社，1996：264.
② CNNIC 发布第 43 次《中国互联网络发展状况统计报告》［EB/OL］. 中国互联网络信息中心，2019－02－28.

（3.8%）和农村外出务工人员（3.9%）。而这些不同类别的工作中人相加起来占比超过 33%，而他们都是本报告中的职工。这说明职工是中国网民中的最大群体。

正如前述数据所显示的那样，我国手机网民规模达 8.17 亿。这主要是因为移动互联时代的来临：一方面智能手机价格下降，3G、4G 套餐的推出，WIFI 成为众多商家（甚至包括不少小餐馆）的标配，接入网络的经济成本改观；另一方面，智能终端的普及与便捷程度大幅提高，让公众接入网络的时间成本下降，"随时随地上网连接全世界"基本成为现实。

对职工来说，互联网作为重要的中介或平台，对他们的生活方式的影响进一步深化，更重要的是便捷地打通了与外界的联系。

二、互联网作为职工权益舆情集散地

所谓舆情，是指"由个人以及各种社会群体构成的公众，在一定的历史阶段和社会空间内，对自己关心或与自身利益紧密相关的各种公共事务所持有的多种情绪、意愿、态度和意见交错的总和"。网络舆情信息则是指"民众在互联网上发布和传播的能够反映民众舆情的文字、图像、音频、视频等，往往是以文字形式为主"[①]。

（一）职工权益舆情呈现途径

就职工舆情的外在表现来说，可简单地划分为显性的和隐性的两种。显性的职工舆情是公开呈现出来的，而隐性的职工舆情则是

---

① 刘毅. 网络舆情研究概论［M］. 天津：天津人民出版社，2007：51 - 53.

指相对隐蔽的存在。

　　就隐性的职工舆情来说，可通过问卷调查或访谈等形式获得。由全国总工会定期发起的全国职工状况调查就是很好的一种了解途径。有研究者分析了六次全国职工状况调查（1982—2007年）的结果，发现职工舆情总体呈积极态势，但也有不少负面情绪：职工对低工资水平和高收入差距不满；职工普遍缺乏自豪感和主人翁意识，职工自我社会地位认知有所下降；职工信仰缺乏、理想淡漠；职工民主意识带来一定程度的理性丧失①。

　　就显性的职工舆情来说，互联网成为重要的平台。职工意见和情绪表达的主要途径有：

　　1. 新闻跟帖。门户网站的热门新闻后面，跟帖经常多达数万、数十万。

　　2. 网络论坛/BBS。帖文追踪新闻时事或畅所欲言，叙述自己的遭遇。

　　3. 博客/个人空间。它们是2008年增幅最大的言论载体，当年上网写博客成为时尚。有42.3%的网民开设博客/个人空间，用户规模突破1亿大关。网络发表的零门槛（无论从成本还是出版流程），对普通职工来说无疑是福音：可以即时、完整和真实地呈现工作与生活中的所思所想。

　　4. 微博/微信/人人网等社交类媒体。这是Web2.0时代不断更新、共存的社交类工具。它们除了为职工提供信息生产和传播的工

---

① 苏林森. 当前我国职工舆情的问题和应对——基于历次全国职工状况调查的分析[J]. 北京市工会干部学院学报，2011（3）.

具，更重要的是可以即时互动，并且构建全新的交际网络。

以上这些途径，从某种程度上说是话语权的转移：UGC（User Generated Content，指用户原创内容）以提倡个性化为主要特点。职工可以生产和传播信息，而不是像以前一样，单向地依赖传统媒体。

（二）职工权益网络舆情的话题呈现

人民网舆情监测室是国内最早从事互联网舆情监测、研究的专业机构之一，在舆情监测和分析研究领域处于国内领先地位。该监测室自 2007 年起每年都推出"年度互联网舆情分析报告"，连续多年收入《中国社会形势分析与预测》（即《社会蓝皮书》）一书。可以说，这些报告是中国社会晴雨表的网络精选版。其标本意义是突出的。在这些报告中，有不少是关于职工权益内容的。

1. 在《2007 年中国互联网舆情分析报告》①中，人民网舆情监测室通过抽取 3 家有代表性的 BBS（"强国论坛""凯迪社区"和"天涯社区"）作为样本，截至 2007 年 11 月 20 日，对 2007 年最受网民关注的 20 个事件在这三家论坛的发帖量进行统计，与职工权益有关的结果如下：

表 1-12　2007 年度网络热点事件排行榜

排名	事件/话题	天涯社区	凯迪社区	强国论坛	合计
3	山西黑砖窑	404	634	974	2012
4	重庆最牛钉子户	278	698	403	1379
12	五一长假取消利弊之争	178	168	203	549

---

① 祝华新，胡江春，孙文涛. 2007 中国互联网舆情分析报告［J］. 今传媒，2008（2）.

续表

排名	事件/话题	天涯社区	凯迪社区	强国论坛	合计
16	广州警察开枪打死副教授	132	64	53	249
20	"晒工资"风行网络	57	76	48	181

在上述五个话题中，有关于非法用工的，也有关于劳动报酬权的，还有生命权、休息权和物权的。这基本涵盖了职工工作和生活中几项基本权利。

不过，我们应该注意到，这些事件/话题大多因有了网络的出现，才有机会呈现给公众。正如《报告》中所指出的那样：

"网络舆论关注的公共事务素材，一方面是来自传统媒体，如报刊、电视的报道，另一方面来自网络原创，尤其是 BBS 上网友自行发布的新闻和传言。如果传统媒体的报道由门户网站转载，并以专题形式予以突出宣扬；如果网上传言得到传统媒体的证实，网上观点得到传统媒体的声援，那么这种网上网下的交互作用，会促使舆情汹涌，形成强大的舆论声浪，对当事人特别是负有社会管理责任的公权力形成压力"。

更重要的是，互联网逐步成为舆论"主流媒介"："随着互联网的普及，中国已经锻造出一个新的舆论形成机制……今天牵动全国的舆情不少是以互联网为发端，至少也经过互联网的推波助澜"。

2. 在《2008 年中国互联网舆情分析报告》① 中，出租车司机群体成为与职工权益相关事件的主角：

---

① 祝华新，单学刚，胡江春. 2008 年中国互联网舆情分析报告［M］//汝信，陆学艺，李培林. 2009 年中国社会形势分析与预测（社会蓝皮书）. 北京：社会科学文献出版社，2008.

　　"11月初重庆发生出租车司机集体罢运，地方政府也没有像过去那样把事件说成'少数别有用心的人煽动不明真相的群众'，而是实事求是地分析'的哥'的怨气从何而来，诚恳回应和认真解决当事人的合理要求。特别是重庆市委书记关注网上的议论，亲自出面与出租车司机和市民代表座谈，协调出租车公司下调'的哥'的'板板钱'（份钱）。重庆的做法，在随后的三亚出租车罢运事件中被复制。两地交通管理部门均被问责。"

　　3. 在《2009年中国互联网舆情分析报告》① 中，与职工权益相关的事件比较多。

表1-13　2009年度网络热点事件排行榜

排名	事件/话题	天涯社区	凯迪社区	强国论坛	新浪论坛	中华网论坛	合计
1	湖北巴东县邓玉娇案	5260	7390	2390	3086	7007	25133
8	吉林通钢暴力事件	605	573	1719	882	3276	7055
11	河南农民工"开胸验肺"	1899	873	656	973	1427	5828
17	99%访民"精神病"说	1849	1480	483	471	527	4810
20	湖北石首市骚乱	772	1210	270	1267	585	4104

　　在上述事件中，排第一位的"邓玉娇案"，涉及职工安全与职业尊严。吉林通钢暴力事件则涉及民主管理权利问题。但两个事件也有共同点，都是用暴力致人死亡来维权。只不过，邓玉娇是正当防卫。

---

　　① 祝华新，单学刚，胡江春. 2009年中国互联网舆情分析报告［M］//汝信，陆学艺，李培林. 2010年中国社会形势分析与预测（社会蓝皮书）. 北京：社会科学文献出版社，2009.

湖北石首市骚乱则是以一酒店厨师非正常死亡而起，引发了"群体性事件"。在《报告》中提到，"在 2009 年群体性事件和其他一些突发事件中，现场民众和网民非理性情绪抬头，有蔓延趋势。例如，7 月 24 日，吉林通化钢铁公司股权调整引发职工不满，民营企业派驻的总经理被活活打死。新闻跟帖几乎一边倒地赞扬通钢'工人阶级了不起'，幸灾乐祸于'打死个把资本家有什么了不起'。这场网络起哄属于"泄愤事件"，也就是绝大多数参与者与最初引发的事件并没有直接利益关系，主要是借题发挥，表达对社会不公的不满"。

河南农民工张海超"开胸验肺"之举，虽也是非理性的行为，但可视作"弱者的武器"，实属无奈之举。

4. 在《2010 年中国互联网舆情分析报告》① 中，与职工权益相关的事件比较多，而且不少事件的社会影响力很大：

表 1－14　2010 年度网络热点事件排行榜

排名	事件/话题	强国论坛	天涯社区	凯迪社区	新浪论坛	中华网论坛	新浪微博客	合计
5	富士康员工跳楼	16900	33800	4072	5015	23211	57327	140325
8	郭德纲弟子打记者事件	2873	30400	3636	4835	15235	29550	86529
17	王家岭矿难救援	874	11800	1452	647	3631	18076	36480
20	部分地区罢工	661	10729	4080	3199	7124	4167	29960

在表 1－14 的相关事件中，富士康员工跳楼事件实际上成为

---

① 祝华新，单学刚，胡江春. 2010 年中国互联网舆情分析报告［M］//汝信，陆学艺，李培林. 2011 年中国社会形势分析与预测（社会蓝皮书）. 北京：社会科学文献出版社，2010.

2010 年全社会关注度最高的事件之一。它不只是与职工工作经济报酬权和休息有关，也与文化权利相关。尤其值得注意的是，罢工议题上榜，这应是首次。说明这已经是不可忽视的现象。

在榜单以外，农民工歌手组合旭日阳刚光着脊梁翻唱歌曲《春天里》，视频传播甚广。他们让更多人开始关注基层劳工的生活现状。时任湖南省委书记周强也向大学生村官推荐这首《春天里》，要求他们"接地气"，感受社会基层"对梦想执着追求的生命力"。

在《报告》中，舆情分析师认为，"农民工新生代权利意识觉醒，同时亟须心理救助：在近一年的网络舆论中，劳资问题上升为官民矛盾之后占第二位经常引发冲突的焦点。2010 年的劳资纠纷和劳工权益事件的主体是农民工，准确地说，是'80 后'和'90 后'的'农二代'，他们比父辈有更强的权益保护意识。以他们为主体，2010 年在沿海一些外资企业发起罢工，让媒体和网络惊呼中国廉价劳动力、低人权保障的经济模式面临拐点"。

5. 在《2011 年中国互联网舆情分析报告》① 中，在年度 20 件网络热点事件中，并没有一项与职工权益直接相关。其选择的事件时间跨度从 2010 年 11 月 9 日始，统计数据截至 2011 年 11 月 9 日 24 时。

事实上，在上述统计年度里，也有不少值得关注的职工权益事件。比如新疆智障"包身工"事件。2010 年 12 月，经举报曝光发现，在新疆托克逊县库米什镇老国道 247 公里处的佳尔思绿色建材

---

① 祝华新，单学刚，胡江春. 2011 年中国互联网舆情分析报告［M］//汝信，陆学艺，李培林. 2012 年中国社会形势分析与预测（社会蓝皮书）. 北京：社会科学文献出版社，2012.

化工厂，4 年来，数十名智障工人惨遭非人奴役，被当地人形容为"猪狗不如"，很多人都亲眼见过老板用皮鞭抽打工人的场景。12 月 14 日，涉嫌组织贩卖"智障包身工"至新疆工厂的四川渠县人曾令全被渠县公安局刑拘。

此外，2011 年 10 月发生在湄公河的中国船员遇害事件，彰显了在全球化背景下劳工权益的复杂性。国内最先是由网友在天涯社区爆料，事件披露后，微博上大量相关的信息涌入，事件当事人也通过微博发布信息。他们很多人并没有人身意外险等保险，养老保险也是自己交。

6. 在《2012 年互联网舆情分析报告》① 中，在年度 20 大热点事件中，安康孕妇强制引产事件是与职工权益间接相关的（当事人的丈夫邓吉元为外出务工人员）。

7. 在《2013 年互联网舆情分析报告》② 中，20 件热点网络舆情列表（时间跨度：2012 年 11 月 1 日至 2013 年 10 月 31 日）中，排第 10 位的是"新快报记者陈永洲被批捕事件"。2013 年 10 月 18 日，广州《新快报》记者陈永洲因报道上市公司中联重科财务作假内幕被长沙警方跨省刑事拘留。该年 5 月 27 日，《新快报》刊发了《中联重科再遭举报财务造假记者暗访证实华中大区涉嫌虚假销售》一文，揭露了 A、H 股上市公司中联重科去年在华中大区涉嫌销售造

---

① 祝华新，刘鹏飞，单学刚. 2012 年中国互联网舆情分析报告 [M] //陆学艺，李培林，陈光金. 2013 年中国社会形势分析与预测（社会蓝皮书）. 北京：社会科学文献出版社，2012.

② 人民网舆情监测室. 2013 年中国互联网舆情分析报告 [M] //李培林，等. 2014 年中国社会形势分析与预测（社会蓝皮书）. 北京：社会科学文献出版社，2013：229 − 252.

假。而从 2012 年 9 月起，《新快报》刊发 10 多篇文章披露中联重科，双方因此产生矛盾。

但该事件最初涉及记者的监督权的，随后又逆转为职业道德问题甚至违法问题。

居第 19 位的"罗昌平举报刘铁男事件"，看似与职工权益无关，实则是公民权范畴：为身为纳税者的自己伸张权利。

8. 在《2014 年互联网舆情分析报告》[①] 中，在 20 件热点网络舆情列表（时间跨度：2013 年 11 月 1 日至 2014 年 10 月 31 日）中，"昆山工厂爆炸事故"位居第 8。2014 年 8 月 2 日 7 时 34 分，位于江苏省苏州市昆山市昆山经济技术开发区的昆山中荣金属制品有限公司抛光二车间发生特别重大铝粉尘爆炸事故，当天造成 75 人死亡、185 人受伤。依照《生产安全事故报告和调查处理条例》规定的事故发生后 30 日报告期，共有 97 人死亡、163 人受伤（事故报告期后，经全力抢救医治无效陆续死亡 49 人，尚有 95 名伤员在医院治疗，病情基本稳定），直接经济损失 3. 51 亿元。这是严重侵害职工职业安全权和生命权的事件，但工厂爆炸发生后四小时才发布信息，发布会三易地址。

在该《报告》中，将一年以来的热点事件分为社会矛盾、公共管理、公共安全、吏治反腐等八大类别（个别热点事件可能分属多个类别），认为涉及公共安全的突发事件，如工厂爆炸等安全事故以及暴恐、群体斗殴等安全事件，也是舆情危机的爆发点。此外，在

---

① 祝华新，潘宇峰，单学刚. 2014 年中国互联网舆情分析报告［M］//李培林，等. 2015 年中国社会形势分析与预测（社会蓝皮书）. 北京：社会科学文献出版社，2014：244 - 268.

"2014 年社会矛盾聚焦点舆情压力值"中，有关"劳资纠纷"的热点事件数量有 10 个，舆情压力值为 50，是各类型中最低的，但是事件平均热度为 14.04，事件平均压力值为 5，均位居前列。

表 1-16　2014 年社会矛盾聚焦点舆情压力值

社会矛盾聚焦点	热点事件数量	热度	舆情压力值	事件平均热度	事件平均压力值	正面事件比例
社会暴力	63	940	398	14.92	6.32	0.0%
官民关系	71	903	314	12.72	4.42	2.8%
未成年人及弱势群体保护	66	835	298	12.65	4.52	3.0%
社会道德争议	77	1019	228	13.23	2.96	20.8%
征地拆迁与群体维权	34	476	208	14.00	6.12	0.0%
警民关系	32	386	122	12.05	3.81	6.3%
医患关系	23	324	88	14.08	3.83	8.7%
城管执法	20	256	76	12.81	3.80	10.0%
劳资纠纷	10	140	50	14.04	5.00	0.0%

9. 在《2015 年互联网舆情分析报告》[①] 中，与职工权利相关的舆情是"东方之星"长江沉船事故、天津港"8.12"特大爆炸事故、哈尔滨大火事件。

不过，"社会矛盾的聚焦点与 2014 年度相比变化较大，涉及社会暴力、官民冲突、警民冲突、征地维权、城管执法的舆情事件大

---

① 祝华新，潘宇峰，陈晓冉. 2015 年互联网舆情分析报告 [M] //李培林，等. 2016 年中国社会形势分析与预测. 北京：社会科学文献出版社，2015：238-259.

幅减少，而社会道德、劳资纠纷、意识形态争议相关事件数量上升。"

10. 在《2016年互联网舆情分析报告》① 中，与职工权利相关的舆情是广州医生陈仲伟被患者杀害事件和雷洋事件。

正如《报告》中指出的那样，"这些提示舆情事件有从利益受损群体向国民主力阶层扩散的趋势。比较典型的是，城市居民在雷洋案中产生强烈的'代入感'，担心'今天不关心雷洋，下一个遭遇不测的就是自己'。"

值得关注的是"雷洋事件"。事件中的涉事主体则各执一词，为谁该为雷洋意外身亡负责而争执不休。该事件引起的"舆论涟漪"效应使得舆情不断发酵，而警方的舆情应对策略存在争议，客观上进一步撩拨了本来就敏感而脆弱的警民关系。在一事件中，借互联网平台，雷洋妻子、代理律师及网友发布了大量事实信息和观点，从而推动了整个事件的发展。

（三）职工权益网络舆情的特点

1. 权利类型的多样化

正如网络是现实社会的映射一样，职工网络舆情同样也是职工真实意见和态度的反映。由于网络的开放性与信息发布者可匿名，所以有时网络舆情更充分地真实呈现了现实社会中的舆情。

正如大家所认识到的那样：我国正处于经济社会转型时期，劳动关系的主体及其利益诉求越来越多元化，劳动关系矛盾已进入凸

---

① 祝华新，潘宇峰，陈晓冉. 2016年互联网舆情分析报告［M］//李培林，等. 2017年中国社会形势分析与预测. 北京：社会科学文献出版社，2016.

显期和多发期，劳动争议案件居高不下，有的地方拖欠农民工工资等损害职工利益的现象仍较突出，集体停工和群体性事件时有发生，构建和谐劳动关系的任务艰巨繁重①。如果应对不当，将威胁到社会的稳定和中国的发展。

就职工权益来说，其基本类型如下②：

（1）人身方面的权利：就业权③、职业安全权④、休息权（包括休假权、休养权）、退休权；

（2）经济方面的权利：劳动报酬权⑤、福利待遇权⑥、社会保障权⑦；

（3）政治和文化方面的权利：团结权（结社权）⑧、罢工权、职业教育权（培训权）、民主管理权。

在职工网络舆情方面，上述权利基本都有涉及。只不过，有的成为年度网络事件，有的传播范围较小。就一年一度的中国互联网

① 中共中央 国务院关于构建和谐劳动关系的意见［EB/OL］. 中国政府网, 2015 - 04 - 08.

② 王天林. 劳工权益的国际化保护趋势研究——劳工标准视角［D］. 济南：山东大学, 2007.

③ 就业权是指具有劳动能力的公民依法享有从事社会劳动的权利，主要包括职业获得权、自由择业权和平等就业权。

④ 职业安全权，又称劳动安全权或劳动保护权，是指劳动者在劳动过程中，享有身体健康和生命安全，免遭职业伤害的权利。

⑤ 劳动报酬权是指劳动者基于劳动关系向雇主提供劳动力而获得劳动报酬的权利。在内容上包括劳动报酬谈判权、劳动报酬请求权和劳动报酬支配权。

⑥ 福利待遇权是指劳动者所享有的由用人单位提供的集体福利事业和某些补助和补贴的权利。

⑦ 社会保障权，又称为劳动保障权，是指劳动者获得社会保险和福利的权利。

⑧ 团结权，又称结社权，狭义上指劳动者组织和参加工会并保证工会自主运行的权利，广义上的团结权则是指劳动者运用组织的力量对抗雇主以维护自身利益的权利。

舆情分析报告来看，对企业的灾难性事故涉及较多，对非法用工，企业用工失范（如富士康）和职工个人的抗争（如开胸验肺）都有涉及。难能可贵的是，在传统媒体对各地近年的罢工事件极少报道的背景下，相关消息通过网络平台得以传布，从而也上榜 2010 年度网络热点事件。

与权利类型多样化并行的是，权利受损者的身份也呈现了多元化特点：除了基层劳工，中产人士（如雷洋）同样也成为权利受损者。

2. 技术革新的重要性

与传统媒体相比，互联网更自由、开放，绝大多数服务是免费的。另外，信息的海量性和交互性也是其显著特点。

传播学者麦克卢汉曾提出了"媒介即信息"一说：任何媒介（即人的任何延伸）对个人和社会的任何影响，都是由于新的尺度而产生的；我们的任何一种延伸（或曰任何一种新的技术），都要在我们的事务中引进一种新的尺度①。这实际是指，媒介形式的变化本身，会影响到人们认知、感受和改变世界的方式。

从历年的中国互联网舆情分析报告来看，这无疑佐证了上述观点。就职工网络舆情来说，随着网络论坛、博客、微博和微信等网络产品的接续出现，信息的发布的传播往往也呈现了阶段性的特征：当论坛兴起时，它成为信息的集散地；当微博出现后，人们会更多地使用这种的新工具。

① 〔加〕马歇尔·麦克卢汉. 理解媒介——论人的延伸〔M〕. 何道宽，译. 北京：商务印书馆，2000：33.

从互联网来说，其自身本就在不断进化，从 Web1.0 到 Web2.0 再到 WebX.0，其智能化程度越来越高，对使用者来说，越来越便捷。值得注意的是，虽然有新应用不断在诞生，但新旧应用实际是并存的，这是因为不同的应用有不同的特质，用户有一定的黏性。从另外一个角度看，技术的进步给人们提供了不同选择的可能。

3. 意见领袖的重要性

拉扎斯菲尔德等曾在研究总统选战中人民的参与情况时，"通过一般观察和许多社区研究，我们发现在每个领域和每个公共问题上，都会有某些人最关心这些问题并且对之谈论得最多，我们把他们称为'意见领袖'。""简言之，意见领袖代表着社会中活跃的那部分人——确切地说，是在一些次级社区中活跃的那部分人——他们试图影响社区中的另一部分人。"①

这实际上是指出了在信息传播中的二级理论，亦即信息传播往往是信息生产—意见领袖—受众的形式。在互联网平台，这同样是适用的。有研究发现，微博的认证体系塑造了一种"可信度的阶层制"，即位高权重者的发言更加权威可信，他们也更容易成为新闻源，而基层民众则难以当上新闻的主角②。

同样，与职工权益有关的信息要成为网络热议的话题，并不是一件特别容易的事。除了事件本身具有的冲突性、异常性和典型性外，一些意见领袖（社会名流、认证的媒体人等）的参与转发、评论会起到助推的作用。在《2008 年中国互联网舆情分析报告》中，

---

① 拉扎斯菲尔德，等. 人民的选择：选民如何在总统选战中做决定（第三版）［M］. 唐茜，译. 北京：中国人民大学出版社，2012：43 - 44.
② 徐笛. 微博时代的媒体与新闻源［J］. 新闻记者，2014（6）.

提出了"新意见阶层"这个概念，用以描述关注新闻时事、在网上表达意见的网民。2009 年"新意见阶层"规模进一步扩大。

在《2013 年中国互联网舆情分析报告》中，也得到了印证："本文抽取 2013 年的热点舆情 100 件，发现首发曝光的媒介中，体制内媒体所占比例接近三成；市场化媒体首发曝光的约占 1/4；而网民和网络认证用户通过互联网自媒体曝光的则接近半数，但很多爆料也是因为市场化媒体或体制内媒体的介入而迅速升级扩散。"①

4. 信息传播的全球化

互联网原本就是全球性的（WWW，即 World Wide Web，环球信息网）。在大多数情况下，信息流动是自由而无限制的。即令互联网上主流语言是英语，中国人习惯的还是汉语，但在网络上，有不少网友和网站志愿加入信息翻译工作，再加之不少境外媒体驻华记者的中文水平不低，所以信息传播的全球化已然成为现实。

其中有代表性的是富士康出现的员工连续跳楼事件，引发国际社会对该公司用工状况的关注。香港的"大学师生监察无良企业行动（SACOM）"和总部位于美国纽约的非营利性组织中国劳工观察（china labor watch）通过在网络上发布报告的形式，不仅引起国人的关注，也引发一些有影响的外媒报道。

这其实是全球化背景下劳工政治的新现象。西方学者凯克和辛金克归纳了跨国网络（基于共同的事业和价值观）几个方面的效应，首先是信息政治，跨国网络不是采用大规模的群众运动方式，而采

---

① 祝华新，刘鹏飞，单学刚. 2012 年中国互联网舆情分析报告［M］//陆学艺，李培林，陈光金. 2013 年中国社会形势分析与预测（社会蓝皮书）. 北京：社会科学文献出版社，2012.

用一种"既要代表一种形象，又要寻求更易于接受的政治立场的双重战略"，网络想方设法地揭露问题，提醒媒体和决策者①。SACOM组织的香港大学生在内地进行的血汗工厂调查活动、中国劳工通讯的"个案关注"把更多的人权信息传递到海外。

三、互联网作为职工维权动员工具

斯普劳尔和法拉加（1995）指出，尽管人是个体信息加工者，他们为网络贡献信息或受益于网上信息，但从本质上来说他们是社会性生物，需要社会归属感。信息寻求者把互联网当作电子高速公路或数字图书馆加以利用，强调下载、文件传输、浏览和检索等工具。社会沟通者更多地把互联网当作咖啡厅、保龄球队和晚餐聚会，他们重视的工具包括聊天，即时讯息、新闻组、有组织的门户网站和邮件列表服务等。也就是说，互联网通过集体互动促进社会资本的功能远胜于通过个人化信息寻求激发内省的功能②。

因此，互联网除了呈现职工的意见和态度外，还是职工维权动员工具。也就是说，基于技术的支持，互联网实现了"网聚人的力量"。这一点在 Web2.0 时代更直接和有效。

蒂利和塔罗在研究抗争事件中的向上规模转变（指集体行动中出现的协作关系较最初发生时处于一种更高的层次上，不论其是处于地方性

---

① 黄岩. 全球化与中国劳动政治的转型：来自华南地区的观察 [M]. 上海：上海人民出版社，2011：124.

② 〔美〕詹姆斯·E. 凯茨，罗纳德·E. 莱斯. 互联网使用的社会影响 [M]. 郝芳，刘长江，译. 北京：商务印书馆，2007：249.

的、全国性的还是国际性的层次）时，提出了两种路径选择①：

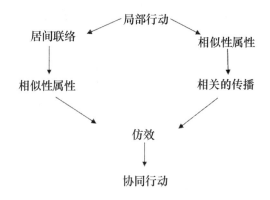

这两条路径，一条是间接传播路径，即通过一些个人和团体而形成；另一条则是中介传播路径，这是通过中间人将那些此前根本没有任何联系的人们联系起来的传播路径。

在互联网时代，在实现动员时实际上融合了这两种路径：一方面，通过熟悉的代理人进行线下传统动员方式依然存在，他们也会使用手机、互联网等媒介工具；另一方面，传播节点间的"弱连带"和信息"圈子化"传播特征则将相识或不相识的人以最快的速度动员起来。

在数字互动媒介语境下的自媒体信息网络，"节点"（Humanode）既用来指称参与信息互动的自媒体用户，还用来指称与用户捆绑在一起的、各种嵌套中的一体化信息②。也就是说，节点不仅可以生产信息，也可以分享与传播信息。

值得注意的是，作为个人的节点与节点之间的关系来说，可分为

① 〔美〕蒂利，塔罗. 抗争政治 [M]. 李义中，译. 南京：译林出版社，2010：117 - 119.

② 张佰明. 嵌套性：网络微博发展的根本逻辑 [J]. 国际新闻界，2010 (6).

"强连接"和"弱连带"。前者是指相对紧密的关系，比如同学、战友、同事、亲友和合作伙伴等；后者则指较陌生的关系，比如偶然认识的朋友、粉丝等。

从表面上看起来，"强连接"关系对动员最有利。其实不尽然，"弱连带"的动员效率有时更高。马克·格兰诺维特在"弱关系力量"理论指出，为了完成某些任务，比如获取新信息，弱关系实际上更好些，因为这些关系扩大了信息库的规模，当一个人决定如何使用的时候，它能够被从中选择。对于获取新信息来说，待在强关系团体中效果较差，因为有新信息从外部进来的可能性很小①。

就职工维权的网络动员案例来看，"强连接"和"弱连带"往往是并存的，"弱连带"有时作用更大。

一个典型案例是大爱清尘基金。2011年6月15日，由著名调查性报道记者王克勤联合中华社会救助基金会共同发起的"大爱清尘·寻救中国尘肺病农民兄弟大行动"，是专项救助中国600万尘肺病农民，并致力于推动预防和最终消灭尘肺病的公益基金。

从"大爱清尘"接收捐款的途径来说，除了传统的邮政汇款和银行汇款，在线捐赠则有多个渠道，比如淘宝网、支付宝、腾讯网乐捐众筹和基金官网捐赠。其官网发起的"1元钱挽救生命5小时"，鼓励网友日捐一元，救助尘肺病人，每一笔的纪录在网络上都是公开的。

另外，线上动员与线下活动实际是互动的，比如2014年，演员

---

① 〔英〕安德鲁·查德威克. 互联网政治学：国家、公民与新传播技术［M］. 任孟山，译. 北京：华夏出版社，2010：138–139.

陈坤在北京三里屯发起"行走的力量"慈善限卖活动，将善款直接捐助到"大爱清尘"；2015 年，演员袁立以志愿者身份跟随"大爱清尘"公益活动发起人王克勤一同奔赴偏远山区探访尘肺病农民。她是通过崔永元认识的王克勤。通过微博私信联络，袁立以一个志愿者的身份，参加了为时十二天的"大爱清尘"陕西、湖北山区尘肺病患者的探访调研。期间，袁立将所见所闻所感"真实分享"到微博。此后，她接受多家媒体的采访，除了谈及自己的见闻与感受外，同时也对"大爱清尘"的形象进行了推广。

另一个案例与沃尔玛有关：2010 年，为团结、声援和支持沃尔玛中国各地的员工，由部分沃尔玛员工发起成立沃尔玛中国员工维权监察网。除对沃尔玛中国各店员工的维权事件提供援助与支持外，并揭露沃尔玛的用工违法等问题。2014 年 3 月 5 日，沃尔玛宣布关闭位于湖南常德的门店，并对原有员工提出相关安置方案——工资补偿买断或去沃尔玛其他地区门店工作。包括沃尔玛常德店工会主席黄兴国在内的多数员工不接受沃尔玛安置方案，在抗争中甚至有员工被警方拘留。一员工在 QQ 群（"沃尔玛中国员工维权群"）里发布声援请求，并呼吁其他沃尔玛店的员工予以声援和支持。相关进展也通过沃尔玛中国员工维权监察网向公众公布。店工会则建立了维权微信群，相关律师都能第一时间掌握员工的维权信息。为了避免被企业方准确探取工会行动信息，工会又组建了一个工会委员微信群。黄兴国主席每天在工会委员群里面发布指令和激励的信息，再由不同的委员发到维权群，以此干扰资方对工会指挥情况的掌握①。

此外，由集体谈判论坛主办、劳工互助网协办的"常德沃尔玛工会组织化抗争事件研讨会暨集体谈判论坛（2014 年河南）"于2014 年 4 月 3—4 日在河南登封召开，全国各地的工人代表、劳工NGO、劳工学者、劳工律师等劳工界人士和媒体记者 30 余人参会，并发表了《嵩山宣言》，建议企业在做出影响职工重大利益的决定前，要诚意和劳方谈判；政府应在劳工事件中居中调解，慎用警力。最终，不接受安置方案的一些员工接受了资方的调解方案。

还有一个案例是成立于 2002 年 11 月的北京工友之家文化发展中心。它旗下有新工人网和大声唱等网站，通过资讯提供、举办活动等，网聚人的力量。其中，最有代表性的是从 2012 起已经举行了八次的"打工春晚"，主要通过网络播出。2013 年"打工春晚"，除了在农林卫视播出外，搜狐微博不仅全程微直播来报道，还联合搜狐新闻客户端以及搜狐公益频道推广。友情主持崔永元则提前就通过微博呼吁演艺界、企业及社会各界人士参与支持"打工春晚"。2015 年"打工春晚"总共花了 10 万元左右，7 万元是通过网络众筹获得，另有 3 万元是依靠一些社会基金会赞助②。这实际是线上动员与线下动员结合的结果。

随着微信的出现，一些与职工权益相关的公号也出现了。比如"小锤子"自称"爱工人，爱发声，我就是工人发声自媒体"，在

---

① 信息来源：常德沃尔玛工会维权事件研讨会［EB/OL］. 王江松的个人博客，2014－04－13.

② 魏尧. 农民工的"呐喊春晚"［EB/OL］. 中国网，2015－02－03.

2015 年就通过公号为得了白血病的邹秀华工友筹款。微信聊天群"劳工新闻"由劳工研究学者发起，则成为学界、媒体与生产一线等联系的重要平台。除了信息的发布，另一重要的功能是动员人力、物力，对职工维权进行支援。

经由网络这一平台实行动员，个体的命运亦可得以改观。农民工张海超"开胸验肺"维权的例子就很典型：工作 3 年多后，他被北京等多家医院诊断为尘肺，但由于这些医院不是法定职业病诊断机构，所以诊断"无用"，加上企业拒开证明，他无法拿到法定诊断机构的诊断结果，而郑州职业病防治所竟诊断其为"肺结核"。2009年 6 月他跑到郑州大学附属第一医院，不顾医生劝阻，以"开胸验肺"悲壮之举为自己证明，成为当年网络热议事件，从而轰动全国。全社会的关注助推了他的维权进程。2009 年 9 月 16 日，张海超证实其已获得郑州振东耐磨材料有限公司各种赔偿共计 615000 元。2013年 6 月，张海超在无锡成功换肺。

2010 年 6 月，张海超帮四川一名尘肺病患者维权拿到 14.6 万元赔偿后，他决定帮助更多尘肺病患者争取属于自己的权利，他的手机号码在网上公布，立即成了一部热线电话，全国各地的尘肺患者都会给他打电话。2013 年 7 月，由"中国好人网"发起的全国第二届"帮好人万里行"活动，为已肺移植成功的张海超捐款 5000 元，他又把这笔钱捐给正在等待肺移植的湖北金县农村姑娘樊莉。2016年 5 月，张海超创办了以他名字命名的"尘肺病防治网"。通过网络这一渠道，不相识的人构建起了联系。

但是我们也应注意到，网络动员很多时候还需要借助其他力量

（比如专业化社会组织和媒体）才能实现目标，尤其是媒体的作用非常大。有研究者就提到，"由于公开报道能够将地方性的抗议议题扩大为全国性的议题，能够将地方社会与全国性政府甚至国际社会联系在一起，草根动员在媒体的支持下，不仅能够建立外部支持的同盟，更重要的是，参与者的行动借助于外部支持而在地方上获得了优势，因为外部支持能够给地方政府制造行政与舆论压力"①。

四、结论与讨论

（一）基于互联网技术的全民监督

职工权利在互联网上的呈现，目的指向只有一个：通过信息传播，从而实现对权利受损者的赋权。这一过程，也可以说是舆论监督的过程。"舆论监督"就字面来说，是"通过舆论的力量来监督"。其中媒体是舆论的重要载体。

在传统媒体为主导的时代，舆论监督因内、外力量的箝制，虽然屡有建树，但也导致媒体在面对很多题材时作为甚微或无所作为。

在此种情境下，传统媒体的舆论监督就走到了一个节点上：不间断地缺席导致公众注意力关注的空间变化，也为新媒体的介入留下了广阔的空间。而这就是我们所称的"全民监督"时代的来临。

所谓"全民监督"，是指所有人监督所有人、机构和企业的行为。在这一模式下，所有人都是监督者，也都是被监督者。它与传

---

① 谢岳，党东升. 草根动员：国家治理模式的新探索 [J]. 社会学研究，2015（3）：8.

统媒体的舆论监督的区别如下①：

传统媒体的舆论监督模式为：

$$信息来源（受众提供/新闻工作者发现）\xrightarrow[\text{商业力量/政府规制}]{\text{新闻生产规范}}传统$$

媒体报道——→受众

而"全民监督"的模式为：

$$信息来源（所有人）\xrightarrow[\text{组织传播}]{\text{人际传播}}所有人（机构、企业、个人）$$

$$\xrightarrow{\text{部分题材}}（大众传播）——→细分化的受众$$

从以上可以看出，"全民监督"的模式下，其实是绕过了传统媒体，从而实现了点对点、点对众的传播。之所以它实现，主要是新媒体的介入和技术的演进。

在此模式下，互联网为职工提供了信息发布与传播以及意见和态度表达的平台。正如西方学者指出的那样："互联网用户可能更加包容各种不同的观点，因为他们强调的是信息的内容，而不是信息的发布者或撰写者的物理外表"；"总的来说，互联网用户是更积极的媒体参与者。网络新生代由于较早地熟悉了互联网（包括尝试发展各种可能的在线身份），他们可能会比先辈更有文化，更具创造性，并且更会进行交际。"②

当然，传统媒体与网络媒体在职工维权过程中实际是声场共振，

---

① 张玉洪. 从舆论监督向全民监督的转型——基于新媒体技术发展的路径实现［J］. 中国传媒报告，2012（2）.

② 〔美〕詹姆斯·E. 凯茨，罗纳德·E. 莱斯. 互联网使用的社会影响［M］. 郝芳，刘长江，译. 北京：商务印书馆，2007：274，249.

往往是线下、线上结合的。其中最典型的案例是孙志刚事件。2003年4月25日,《南方都市报》在克服种种困难后以《被收容者孙志刚之死》为题,首次披露了孙志刚惨死一个多月却无人过问的前前后后,随后在网络世界引发热议。5月16日,许志永、俞江、滕彪3位青年法学博士,以中国公民的名义上书全国人大常委会,就孙志刚案提出对《城市流浪乞讨人员收容遣送办法》进行"违宪审查"的建议。5月23日,贺卫方、盛洪、沈岿、萧瀚、何海波5位国内知名法学家,同样以中国公民的名义,联合上书全国人大常委会,就孙志刚案及收容遣送制度实施状况提请启动特别调查程序,要求对收容遣送制度的"违宪审查"进入实质性法律操作层面。最终,《收容遣送办法》被废止。2003年6月27日,广东省高院对该案作出终审判决:以故意伤害罪,判处被告人乔燕琴(救治站护工)死刑;李海婴(被收容人员)死刑,缓期二年执行;钟辽国(被收容人员)无期徒刑。

另一个全民监督的案例是2012年的"民工讨薪新闻发布会"。由农民工自导自演的讨薪新闻发布会的视频在网上蹿红。视频长约4分03秒,一位女民工模仿发言人,以"动之以情、晓之以理"的方式,将自己的讨薪缘由、讨薪过程娓娓道来,对天津汉沽殡葬管理所的欠款行为表示强烈不满,并有一名男子扮演"讨薪社"记者,与"新闻发言人"上演一问一答。对此,某地方区民政局做出回应,称已付清款项,该视频纯属歪曲事实。同时,网友对视频的制作和真实性也产生热议。虽然该女子所言并非完全属实,最终引起当事单位和司法部门的注意。最终尽管天津汉沽殡葬管理所并不认可承建方提出工程款总额，但经天津市高级人民法院二审判决，还是将剩余700余万元工程款打给承建方，再由承建方向农民工发放。

以戏剧化的方式通过网络进行维权，很可能成为职工常用的方式。

(二) 网络媒体赋权职工的限制

通过分析人民网舆情监测室自2007年推出的年度互联网舆情分析报告，我们发现在年度事件的传播过程中，意见领袖和传统媒体的作用非常大。此外，由于互联网的国际性，相关事件的传播极易全球化。

另一方面，互联网作为一种动员工具更应值得重视。西方学者戴维斯认为："互联网能有效帮助传统的活动家协调志同道合的人士，产生公共效应，同时也能够极大地鼓舞那些大众根基小或财力和智力资源有限的、单一议题倡导群体。"① 互联网的确"网聚了人的力量"，而他们可能是熟悉的人，也可能是陌生人。职工通过互联网，提供了社会资本，从而增强了自身的力量。农民工张海超开胸验肺事件最终得到较好的解决就是很好的例子。

总的说来，互联网对职工维权当然有很好的正向作用，但如果只强调其助力功能，实际是偏颇的。一方面，互联网上的职工权利不过是部分现实情境的反映，要成为公众关注的议题并非易事。传播学学者周葆华通过对上海新生代农民工的研究，也发现：新媒体拓宽了该群体的表达渠道，在遭遇劳动权益问题时，其意愿表达呈

---

① 〔美〕詹姆斯·E. 凯茨，罗纳德·E. 莱斯. 互联网使用的社会影响 [M]. 郝芳，刘长江，译. 北京：商务印书馆，2007：221.

现"人际渠道－新媒体－机构渠道"递减的差序格局；但是对互联网的赋权功能不应过于乐观，因为"网络空间表达要转化为线下空间表达、话语赋权要形成行动赋权、情感支持要走向利益维护"并非易事①。在这一过程中，舆论领袖和外部力量（以媒体、政府机构为代表）的介入非常重要。

另一方面，冀望互联网对职工权利状况得以根本改善也是一种奢望。在既有的社会结构与社会治理模式下，个案式的经济利益诉求可能偶有成功，却很难推而广之。此外，职工维权是一个系统工程，牵一发并不能动全身。

一个例证是：富士康因为年轻员工多起跳楼事件成为全社会关注的焦点，也是网络热点事件，但它的问题仍然还是问题。——从2010年起，高校师生关注富士康调研组持续对富士康的用工情况、管理制度、工资工时、职业危害以及工会等情况进行关注，但五年过去了，却发现工资明升暗降，加班仍是基本工资太低下被迫、无奈的选择，而工会选举走形式而难以成为工人的"娘家人"②。

因此，相对客观的结论是，互联网对职工（尤其是新生代农民工）的确提供了免费、便捷的信息发布、接收和分享的平台，但互联网并不是一块法外飞地，其天生的"商业属性"（注意力经济）与"政治属性"（舆论工具）常常对传播赋权将产生削减作用。因此通过互联网实现对职工赋权，只不过是一种救济手段。

---

① 周葆华. 新媒体与中国新生代农民工的意见表达——以上海为例的实证研究 [J]. 当代传播, 2013 (2).

② "新生代"ilabour 课题组. 关于富士康公司工资、工时与工会调研 [J]. 中国工人, 2015 (8).

另一方面，我们也要关注互联网治理对职工的影响①：

自 2013 年秋季，政府加大对互联网的治理力度，一些信口开河、造谣传谣的大 V 被注销账号。在人民网舆情监测室选取的 315 名"意见领袖"样本中，其中 296 位曾经开通过实名认证的微博，截至 2015 年 11 月，已有 33 位微博停止更新，39 位活跃度较低，一年以内日均发微博数量不超过 1 条。部分微博"大 V"出现向微信公众号迁移的现象，据统计，截至 2015 年 10 月，约 25% 的意见领袖已经开通了个人微信公众号，但其中通过认证的只占到 315 名意见领袖的 15%。

此外，2015 年政府对网络舆论场的治理，从敏感词的字符管理，转向网上行为的规则管理；从治理个体网民转向治理网络平台，特别是门户网站和微信、微博等自媒体平台。4 月发布《互联网新闻信息服务单位约谈工作规定》，在互联网新闻信息服务单位发生严重违法违规情形时，约见负责人，进行警示谈话，责令整改纠正，如整改不到位，给予警告、罚款、责令停业整顿，直至吊销许可证。11 月 1 日起，刑法修正案（九）正式施行，编造虚假的险情、疫情、灾情、警情，肆意传播者将受到法律的严肃制裁。这是首次将互联网犯罪正式入刑，以前只是对原有罪名做出适用于互联网犯罪情形的司法解释。据中国互联网络信息中心统计，"十二五"期间我国出台互联网相关法律法规、规范性文件 76 部，同比增加 262%，其中，2014 年中央网信小组成立以来有 47 部，占 62%。在依法治

---

① 祝华新，潘宇峰，陈晓冉. 2015 年互联网舆情分析报告［M］//李培林，等. 2016 年中国社会形势分析与预测. 北京：社会科学文献出版社，2015：238 – 259.

网的道路上，中国在不断探索"既推动发展又确保安全，既保障网民自由又维护网络秩序的治网之道。"

这些治理，对职工维权信息的传播产生不小的影响：一是有关群体性事件的信息、可能影响社会稳定的信息很难通过互联网（包括社交媒体）传播；网络舆论领袖活跃性低，也会弱化相关信息的二次传播。

因此，在我们看来，若要充分发挥互联网对职工维权的积极作用，多方协同是应然之选。其中，做好职工舆情的收集、整理、分析与处理是重中之重。2009 年全国总工会宣教部增设舆情处，主要收集整理报送舆情，但缺乏专门针对职工群体的定期舆情调查。另有研究者建议全国总工会设置"全国职工舆情调查研究中心"，各省级工会可以尝试与当地科研院所的合作建立自己的职工舆情调研机构，并加强与全国职工舆情调查研究中心的合作①。

当然，最好是把职工舆情工作与工会工作紧密结合起来。正如前中共中央政治局委员王兆国 2010 年 2 月 24 日在全总十五届三次执委会议上所说，"要畅通信息渠道，做好舆情、访情、民情的监测和分析，充分利用互联网等新兴媒体，积极引导职工正确对待利益关系调整，以理性合法方式表达利益诉求"，并强调"要始终把工作重点放在基层，创新联系职工群众的载体，畅通联系职工群众的渠道，把工会建设牢牢扎根于职工群众之中，增强工会工作凝聚力。"②

---

① 苏林森. 当前我国职工舆情的问题和应对——基于历次全国职工状况调查的分析 [J]. 北京市工会干部学院学报，2011（3）.

② 全文见工人日报 2010 年 3 月 1 日头版.

2013 年，习近平同志在全国宣传思想工作会议上指出："宣传思想阵地，我们不去占领，人家就会去占领。网络的发展深刻改变着舆论格局、拓展着宣传思想阵地……不牢牢占领网络这一阵地，就无法牢牢掌握网上舆论工作的领导权、管理权、话语权，就可能犯无可挽回的历史性错误。"①

对职工来说，如何用好互联网进行维权只是问题的一面。更重要的是，政府相关部门和工会也需要善用互联网，从而真正为职工服好务。

---

① 见马利. 做好网上舆论工作的时代指引［N］. 人民日报，2013 – 11 – 27.

第二章　中国职工权利状况、维权意识与媒介使用

——基于全国 1019 份问卷调查和深度访谈

　　研究职工维权与大众传媒的关系，一方面，我们需要了解媒体如何报道职工权利相关议题的；另一方面，我们也需要了解职工的维权意识和媒介接触、使用的习惯。有一些通用的办法，比如问卷调查法和深度访谈法。通过不计名的问卷调查，可以获得职工真实的想法；而深度访谈法则可以获得个性化的答案，同时，也可以对问卷调查结果进行佐证或补充。

　　就问卷调查来说，中华全国总工会定期在全国进行职工队伍状况调查。我们设计的问卷，问题则相对集中，除基本情况外，单列了权益保护和媒体接触部分，并力图了解受访的职工对一些维权事件和维权方式的态度和意见。

一、问卷发放与深度访谈

　　2013 年 8 月，我们共发放问卷 1200 份。到 10 月，共回收了

1080 份问卷，其中有效问卷为 1019 份，占问卷发放总量的 92.6%。回收问卷后，我们用 SPSS20.0 软件录入所有数据，并进行分析。

在问卷发放方面，采用了配额抽样法（Quota sampling）。这是经过慎重考虑的结果。一方面由于经费有限，导致问卷投放量不可能太大，而另一方面，问卷的代表性又非常重要：除了职工的不同地域之外，还应体现职工的不同行业和不同年龄。于是，我们采用全国分区定额投放问卷的方式（各区多为 140—150 份）：

表 2-1 调查问卷发放地区与数量

序号	区域	城市	发放份数	有效回收份数
1	华北	北京	140	132
2	西南	重庆、成都	140	119
3	西北	西安、韩城	140	136
4	华南	广州、深圳	150	130
5	华中	武汉、长沙	150	124
6	东北	沈阳	150	98
7	华东	上海、南通	180	168
8	东南	福州、厦门、泉州、漳州	150	112
总计			1200	1019

从表 2-1 可以看出，问卷的投放是比较广泛的，覆盖了中国的代表性一线城市（如北、上、广），同时也有二三线城市（如西安、重庆）。除了省级城市外，也有不少地级市。此外，我们在发放问卷时特别注意调查对象的多样性：

在我们的调查对象中，男、女数量相当（相差6%）①，本地非农业户口超过一半（56%）。其中，80后占了45.2%。如果把80后、90后、00后界定为新生代职工的话，他们占整个调查对象的六成。其中受过高等教育的职工占45%，这并不是说我们调查的对象有指向性，因为从工作的行业来看，涵盖面非常广，包括制造业（19.8%）、电力、热力、燃气及水产和供应业（5.2%）、建筑业（5.6%）、批发和零售业（7.2%）、住宿和餐饮业（2.1%）、交通运输、仓储（物流）及邮政业（7.6%）。这些行业的职工在传统观念里，对学历的要求并不高，但这几个行业的职工占比达47.5%，这说明用工的新变化。在1019份有效问卷中，企业职工占72.6%，事业单位则占15.7%。就职工维权来看，企业职工显然更有代表性，因此占最大比重是合理的。

从企业所有制来说，调查对象是全面的，以国有企业为主（40.8%），私营/私有企业为辅（39.6%），两者共占八成。外商投资企业占11.5%。

在单位规模方面，中小企业占大多数（2000人以下的企业占77.3%）。

从工作年限来看，大部分职工在四年以上（超过70%），工作变动性大，变动过两次及以上的，超过一半。

从工资收入来看，中等收入的居多（2000—5000元的占了六成）。

---

① 国家统计局网站公布的2014年中国经济数据显示，2014年末，中国大陆总人口达136782万人。从性别结构看，男性人口70079万人，女性人口66703万人，总人口性别比为105.06%（以女性为100）。我们的调查对象中男女比例与全国男女比例相当。

就工作岗位的性质来说，体力劳动为主与脑力劳动为主的呈现"三七开"的特点。

除发放问卷进行调查之外，我们还对有代表性的职工（包括农民工）进行了访谈，了解他们在权利意识的来源，以及对传媒（包括网络）助力维权的看法。此外，还访谈了媒体记者，从而了解大众传媒在呈现职工权利议题时的生产逻辑。

二、职工权利状况调查与深度访谈结果

就职工权利来说，其基本类型如下：

1. 人身方面的权利：就业权、职业安全权、休息权（包括休假权、休养权）、退休权；

2. 经济方面的权利：劳动报酬权、福利待遇权、社会保障权；

3. 政治和文化方面的权利：团结权（结社权）、罢工权、职业教育权（培训权）、民主管理。

（一）就业权与劳动报酬权

我们的调查结果显示，91%的人认为有必要签订劳动合同，有86.5%的职工签订了劳动合同，这说明新《劳动合同法》自2008年施行以来，效果显著。其中书面合同占到97.5%，个人保管的占54.9%，单位保管的占到41.6%。在合同的期限上，三年以上的合同超过一半（52.9%）。

在履行合同方面，调查结果显示，对单位积极评价的占到67%（包括很好，较好）。不过，值得注意的是，有近20%的职工没有对此进行回答，若加上评价一般和不好的比例，将占到三成。

表 2-2 单位履行劳动合同的情况

		频率	百分比	有效百分比	累积百分比
有效	很好	227	22.3	28.8	28.8
	较好	318	31.2	40.3	69.1
	一般	217	21.3	27.5	96.6
	不太好	21	2.1	2.7	99.2
	很不好	6	0.6	0.8	100.0
	合计	789	77.4	100.0	
缺失	系统	230	22.6		
合计		1019	100.0		

劳动合同的签订是令人满意的，问题是职工的生存权（以劳动报酬权为重要指标）是否有了保障。最常被侵害的权利中，工资收入（拖欠或少发）占17.4%。调查结果显示"最近一年是否有过工资被拖欠的经历"的仅占9.6%，其中，拖欠的工资额近八成在一月工资以下。可见欠薪问题不算很严重。

在接受访谈时，不少职工都提到劳动报酬权受损的情况①：

我在工厂工作的三年多当中遇到过延长上班时间，克扣劳保用品，各种借口被罚款等不公平待遇。精神层面的是厂里每天以不近人情的厂规给每个工人洗脑，让每个工人宣誓。（张海超，"开胸验肺"维权者）

打工，可谓是权利处处受侵害。不签劳动合同、不参加社会保险、超时加班不给加班费、被拖欠工资、做不好事情挨主管的骂等

---

① 访谈时间：2014年12月。访谈者在第一次出现时标注身份。

等。(吕彦武,网民"红别民工",公益机构干事)

同工同酬本是普世的标准。《劳动合同法》第十一条也明确规定:"用人单位未在用工的同时订立书面劳动合同,与劳动者约定的劳动报酬不明确的,新招用的劳动者的劳动报酬按照集体合同规定的标准执行;没有集体合同或者集体合同未规定的,实行同工同酬"。

但在中国,由于在同一单位职工身份的多样性(如正式工、派遣工和临时工,本地员工与外地员工),导致同工不同酬现象比较常见。我们的调查结果也显示,有高达42.4%的职工承认所在单位有同工不同酬的现象。

在北京,我们就遇到这样的一个实例①:

在我们邮政所,我是外地人,不是在编的职工。虽然都是送邮件的,但我一月只有三千,其他福利都没有;在编的职工干同样的活,一月多一两千,过年过节还有福利品发。(×××,北京朝阳区某邮政所邮递员)

(二)身体健康权(包括休息权)

调查结果显示,20.7%的职工承认,身体健康权是常被侵害的权利之一。

但是,有29.4%的职工所在单位根本就不安排体检,一年一次体检的占47.6%,不到一半。"对现在单位的工作环境(安全、健康、舒适程度)的评价"中, "不满意"和"很不满意"的占

---

① 访谈时间:2014年11月。

19%，"不评价"的占12%。

表2-3 所在单位是否安排体检

		频率	百分比	有效百分比	累计百分比
有效	从不	296	29.0	29.4	29.4
	一年两次	72	7.1	7.1	36.5
	一年一次	480	47.1	47.6	84.1
	两年一次	123	12.1	12.2	96.3
	三年及三年以上一次	37	3.6	3.7	100.0
	总计	1008	98.9	100.0	
缺失	系统	11	1.1		
总计		1019	100.0		

表2-4 您对现在单位的工作环境的评价是（安全、健康、舒适程度）

		频率	百分比	有效百分比	累计百分比
有效	很满意	125	12.3	12.5	12.5
	比较满意	557	54.7	55.6	68.1
	不满意	156	15.3	15.6	83.7
	很不满意	39	3.8	3.9	87.6
	不评价	124	12.2	12.4	100.0
	总计	1001	98.2	100.0	
缺失	系统	18	1.8		
总计		1019	100.0		

调查结果显示，37.2%的职工承认，休息权是常被侵害的权利之一。职工在日常工作中，加班（超过8小时）的现象比较常见（超过一半），最近一个月平均每天工作时间超过8小时的超过

40%。"上个月（共四个星期）的休息天数"选项中，休息了四天（含）以下的占到三成多，而一个月一天也没有休息的居然占到4.1%。

按规定，加班应有加班费。《劳动合同法》第三十一条规定："用人单位应当严格执行劳动定额标准，不得强迫或者变相强迫劳动者加班。用人单位安排加班的，应当按照国家有关规定向劳动者支付加班费"。但我们的调查结果显示，"加班能依法能否得到更高的报酬"选项中，明确"能"的为42.1%，不到一半；"不能"的为32.9%，而"不一定"的为25%。

表2-5 如果平日加班或节假日安排工作，能否依法得到更高的报酬

		频率	百分比	有效百分比	累计百分比
有效	能	424	41.6	42.1	42.1
	不能	331	32.5	32.9	75.0
	不一定	251	24.6	25.0	100.0
	总计	1006	98.7	100.0	
缺失	系统	13	1.3		
总计		1019	100.0		

一职工提到①：

在打工生活中，自己的劳动权利受到侵害是件很平常的事，如强制超长时间加班（月工作超四百小时）、没有加班工资、没有法定休假日、受到工伤企业不予赔偿等，强制冒险作业、辱骂、殴打员工的事也有遇到过。（黄才根，浙江"小小鱼劳工服务部"创始人）

---

① 访谈时间2014年12月。

作为一种休息权利，带薪休假的制度设计本是很好的。2008年施行的《职工带薪年休假条例》是"为了维护职工休息休假权利，调动职工工作积极性，根据《劳动法》和《公务员法》制定的条例"。按规定，机关、团体、企业、事业单位、民办非企业单位、有雇工的个体工商户等单位的职工连续工作1年以上的，享受带薪年休假（以下简称年休假）。单位应当保证职工享受年休假。职工在年休假期间享受与正常工作期间相同的工资收入。单位不安排职工休年休假又不依照本条例规定给予年休假工资报酬的，由县级以上地方人民政府人事部门或者劳动保障部门依据职权责令限期改正……

我们的调查显示，没有享受带薪休假的接近四成（38.3%）。其中，自愿放弃的仅为22.6%，"单位没有这个假"的高达77.3%。在没有享受带薪休假的职工中，90%的人没有得到工资补偿。

表2-6　放弃带薪休假没有享受是否有工资补偿

		频率	百分比	有效百分比	累计百分比
有效	有	33	3.2	10.0	10.0
	没有	298	29.2	90.0	100.0
	总计	331	32.5	100.0	
缺失	系统	688	67.5		
总计		1019	100.0		

在工作中，可能会出现工伤或职业病。令人欣慰的是，有72.8%的职工有工伤保险，有过工伤或职业病经历的占14.3%，其中41.1%由自己治疗，用人单位、老板负责治疗占30.8%。

（三）民主管理权

对职工来说，民主管理权包括两个方面：一是制度设计，二是行动（意识）。从制度设计上说，主要是有无工会和劳动争议调解委员会，以及它们作用的体认；而行动（意识）则是指职工参与的愿望与行为选择。

在制度设计方面，劳动争议调解委员会是按照有关法律，在企业内部成立的相对独立依法调解本单位劳动争议的群众性组织。但调查结果显示，仅有19.9%的职工所在单位有劳动争议调解委员会，回答"没有"的为35%，"不知道"的高达45%。工资集体协商制同样不乐观，15%的职工称单位建立了，"没建立"和"不知道"分别占35.5%和48.7%。

表2−7 所在单位是否建立劳动争议调解委员会

		频率	百分比	有效百分比	累计百分比
有效	有	202	19.8	19.9	19.9
	没有	356	34.9	35.0	54.9
	不知道	458	44.9	45.1	100.0
	总计	1016	99.7	100.0	
缺失	系统	3	0.3		
总计		1019	100.0		

表2−8 所在单位是否建立工资集体协商制

		频率	百分比	有效百分比	累计百分比
有效	建立了	151	14.8	15.0	15.0
	没建立	362	35.5	35.9	50.8
	不知道	496	48.7	49.2	100.0
	总计	1009	99.0	100.0	
缺失	系统	10	1.0		
总计		1019	100.0		

根据修订后的《工会法》，"企业、事业单位、机关有会员二十五人以上的，应当建立基层工会委员会；不足二十五人的，可以单独建立基层工会委员会，也可以由两个以上单位的会员联合建立基层工会委员会，也可以选举组织员一人，组织会员开展活动"。

但我们的调查显示，有24.7%的职工表示单位没有工会，还有18.2%的人职工不知道所在单位是否有工会。虽然有56.9%的职工表示单位建立了工会，但他们中仍有22.5%的职工没有参加工会。明确回答有没有得到过工会的帮助中，59.7%的职工回答了"没有"。调查结果显示，51.2%的职工对工会表示满意，11.2%的职工不满意，但有37.6%的职工不评价。这是非常值得思考的。

表2-9 所在单位是否建立了工会

		频率	百分比	有效百分比	累计百分比
有效	已建	570	55.9	56.6	56.6
	未建	252	24.7	25.0	81.6
	不知道	185	18.2	18.4	100.0
	总计	1007	98.8	100.0	
缺失	系统	12	1.2		
总计		1019	100.0		

调查结果显示，24.3%的职工承认最常被侵害的权利中，有民主参与权。

（四）法律知识的获得

对职工维权来说，法律知识是他们最基本的盾牌。一个缺乏法律知识的职工，连自己拥有的权利都不明了，更谈不上如何去争取这些权利了。

表 2 – 10 您是否学过《劳动法》和《合同法》?

		频率	百分比	有效百分比	累积百分比
有效	没学过	511	50.1	50.6	50.6
	学过	499	49.0	49.4	100.0
	合计	1010	99.1	100.0	
缺失	系统	9	0.9		
合计		1019	100.0		

我们的调查显示,92.4%的职工知道《劳动法》,53.2%的职工知道《工会法》,55.1%的职工知道《职业病防治法》,56.2%的职工知道《公司法》,51.6%的职工知道《企业法》,57.2%的职工知道《安全生产法》,倒是65.3%的职工知道《妇女权益保护法》。

从调查结果看,作为重要的法律,《工会法》的知晓度还需要多做普及以提高。令人吃惊的是,有50.6%的职工没有学过《劳动法》和《合同法》。而在学过的职工中,单位组织学习仅占36.2%,自学的占39%,通过媒体了解的占20.9%。

有意思的是,通过访谈,我们发现,职工相关知识的获取渠道多是互联网①:

工作当中权益方面的知识大多是从互联网上了解到的,也有少部分是从法律(书籍)上了解到的。(张海超)

2008年工伤发生前基本属法盲,工伤事故发生后,为了维权而购买了几本劳动维权的书籍,又学会了上网,在网上搜索相关案例供参考。(黄才根)

---

① 访谈时间:2014年12月。

三、权利态度与维权意识

对职工来说，权利现状是一个相对客观的存在，而他们的态度和意识则是主观的。前者可以说是物质基础，后者则是上层建筑。但实际二者间也是一种互动关系：权利现状影响权利态度和维权意识，而权利态度和维权意识又推动权利现状的改善。

（一）对劳动纠纷的处理

职工权利受损中，劳动纠纷（如工作条件、薪酬等）占了绝大部分。我们的调查显示，如果与所在单位发生劳动纠纷，职工愿意采取当面找单位领导说理处理的占83.7%、找单位工会帮助处理的占59%，向地方政府或上级工会反映处理的56.5%，请仲裁机构帮助处理的占60.9%，采取请老乡、朋友帮忙处理的占41.5%。

表2-11　如果与单位发生劳动纠纷，将采取找单位工会帮助处理吗？

		频率	百分比	有效百分比	累积百分比
有效	否	325	31.9	41.0	41.0
	是	468	45.9	59.0	100.0
	合计	793	77.8	100.0	
缺失	系统	226	22.2		
合计		1019	100.0		

此外，愿意采取联合工友集体上访处理的占36.1%，采取组织员工罢工处理的占33.8%，采取过激行为（如威胁、自杀）处理的占30.5%，采取默默忍受，不求助处理的占35%。

可见，通过个人方式（向领导、工友求助等）解决劳动纠纷的职工占绝大多数。通过组织方式（如工会、仲裁机构）解决的职工则次之。

我们的调查结果显示，当职工受到单位不公正对待时，虽然有61.2%的职工选择"采取一切合法的手段积极抗争"，但仍有26.2%的职工选择"胳膊扭不过大腿，只好认了"，"出工不出力等方法进行消极抗争"的职工占 12.%。也就是说，有四成职工会选择不抗争或软抵抗。

表 2－12　当您受到单位方面不公正对待时，态度是：

		频率	百分比	有效百分比	累积百分比
有效	胳膊扭不过大腿，只好认了	261	25.6	26.2	26.2
	出工不出力等方法进行消极抗争	126	12.4	12.6	38.8
	采取一切合法的手段积极抗争	610	59.9	61.2	100.0
	合计	997	97.8	100.0	
缺失	系统	22	2.2		
合计		1019	100.0		

对所在单位、地方政府和法院对劳资争议的处理满意的占33.4%，但有46.6%的职工选择了"不了解"。

（二）参与民主管理的态度

调查结果显示，参加单位的民主管理的意愿并不是很乐观的，其中"非常愿意"的占23.4%，"比较愿意"的占32.2%，"一般"的高达34.9%，"不愿意"（包括"不太愿意"和"很不愿意"）的占9.6%。

一个单位的民主管理有多方面的内容，我们对一些重要的方面对职工进行了调查：67.4%的职工期望参与制定本单位规章制度；

90.3%的职工期望参与讨论职工生活福利方面的重大问题；63.5%的职工期望参与制定本单位分配方案；64%的职工期望参加单位民主管理的内容有了解单位重大决策，并发表意见的机会；61.5%期望参加单位民主管理的内容有选举、评议和罢免本单位领导干部。

从以上可以看出，职工对自己切身相关的物质利益关注度最高，也更愿意参加其中的管理。

表2-13 您期望参加单位民主管理的内容中有了解单位重大决策，

并发表意见的机会吗？

		频率	百分比	有效百分比	累积百分比
有效	否	290	28.5	36.0	36.0
	是	516	50.6	64.0	100.0
	合计	806	79.1	100.0	
缺失	系统	213	20.9		
合计		1019	100.0		

（三）权利意识的来源

职工的权利意识并不是天下掉下来的，而是有合理的来源：它们通过多样化的实际行动对职工进行意识塑造。

其中，48.7%的职工认同"开会学文件是提高职工维权意识的有效形式"；71%的职工认同"听法律讲座或相关报告是提高职工维权意识的有效形式"；54%的职工认同"与管理人员谈心是提高职工维权意识的有效形式"；40.7%的职工认同"读书演讲是提高职工维权意识的有效形式"；71.2%的职工认同"通过媒体报道学习相关知识是提高职工维权意识的有效形式"。

表2-14 您认为提高职工维权意识的有效形式是通过媒体报道学习相关知识吗?

		频率	百分比	有效百分比	累积百分比
有效	否	243	23.8	28.8	28.8
	是	601	59.0	71.2	100.0
	合计	844	82.8	100.0	
缺失	系统	175	17.2		
合计		1019	100.0		

此外,65.4%的职工认同"工会真正为员工代言是提高职工维权意识的有效形式";67.8%的职工认同"员工参与管理是提高职工维权意识的有效形式"。

相对说来,职工更认同通过自我学习(听讲座、看媒体报道)来提高维权意识。

(四)对职工维权方式的态度

我们在问卷调查中,特别关注了农民工欠薪问题。在问题"近年来,农民工被欠薪比较常见,您认为解决这一问题的关键措施是____"中提供了以下四个多选答案,职工选择的百分比分别是:

①政府部门加大执法力度(89.8%)②靠用工者的自觉和良心(55.8%)③打工者增强维权意识,掌握维权技巧(84.5%)④媒体多报道,多宣传政策(70.5%)。

从选择的频次可以看出来,职工更倾向于政府部门执法和自我学习,增加相关知识,掌握维权的技巧。

表2-15 近年来，农民工被欠薪比较常见，

您认为解决这一问题的关键措施是媒体多报道，多宣传政策吗：

		频率	百分比	有效百分比	累积百分比
有效	否	251	24.6	29.5	29.5
	是	600	58.9	70.5	100.0
	合计	851	83.5	100.0	
缺失	系统	168	16.5		
合计		1019	100.0		

在维权方式中，罢工、怠工、自杀等实际上是作为弱者的职工的武器①。但目前就中国现行的法律来说，并未明确规定职工有罢工的权利②，也没有法律禁止职工罢工。

我们的调查结果显示，70.2%的职工认为应该有"罢工"的权利；但仅有4.7%的职工有过"罢工"的经历。但是，27.7%有过消极怠工的经历。

在被问及"如果法律允许您参加罢工，您会参加吗？"时，仅22.1%的职工明确表示会积极参加，但"不一定"的超过一半（57.8%）。

另一方面，对"上访""游行"等集体行动，明确表示支持的仅为17.2%，不支持的占30.1%，超过一半的职工没有明确表态。即令被邀请，仅7.3%的职工会积极参加，不支持的占41.3%，"不

---

① "弱者的武器"是美国学者詹姆斯·C. 斯科特提出的概念。在同名著作中，他通过对马来西亚的农民反抗的日常形式——偷懒、装糊涂、开小差、假装顺从、偷盗、装傻卖呆、诽谤、纵火、暗中破坏等的探究，揭示出农民与榨取他们的劳动、食物、税收、租金和利益者之间的持续不断的斗争的社会学根源。作者认为，农民利用心照不宣的理解和非正式的网络，以低姿态的反抗技术进行自卫性的消耗战，用坚定强韧的努力对抗无法抗拒的不平等，以避免公开反抗的集体风险。
② 1982年宪法取消了"罢工自由"条款。

一定"的占51.4%。

对维权中的一些极端做法，职工多是理性的。比如对河南农民工"开胸验肺"之举，有24.6%的职工认为"无路可走，支持他的举动"，但58.9%的职工则认为"虽同情但不支持，太冒险"。同样，对富士康工人不堪工作压力跳楼自杀，支持此举的职工仅为5.9%，高达78.3%的职工选择"虽同情但不支持，可以换工作"。

对2013年冀中星在首都机场以自残的方式进行维权，职工的态度与前述两种极端行为相似，支持此举的仅为9.1%，"不支持，维权不能影响公共安全"的占74.3%。

以上极端案例多是维权者自毁或自灭的行为，当前却有一些维权者通过犯罪的方式进行泄愤或报复。针对一个农民工因多次讨薪不成，最后连杀4人伤1人的事件，仅有3.2%的人赞成此举，"不赞成，但同情他的行为"的占41.2%，"不赞成，怎么也不该杀人"的比例最高，达47.8%。

表2-16 您对一个农民工因多次讨薪不成，最后连杀4伤一人的事件怎么看?

		频率	百分比	有效百分比	累积百分比
有效	赞成他的行为	32	3.1	3.2	3.2
	不赞成，但同情他的行为	415	40.7	41.2	44.4
	不赞成，怎么也不该杀人	481	47.2	47.8	92.2
	不好说	79	7.8	7.8	100.0
	合计	1007	98.8	100.0	
缺失	系统	12	1.2		
合计		1019	100.0		

四、媒介接触习惯与权利维护

当今是信息过载的时代，也是媒体多元化的时代。而与媒体接触的习惯也会深深影响到职工的权利知识和维权方式。

（一）媒介接触习惯

我们的调查结果显示，每天接触电视的职工达64.2%，每天接触广播的职工达26.4%，每天接触报纸的职工达33.7%，每天接触杂志的职工达14.6%，每天接触图书的职工达17.8%，每天接触互联网（台式机）的职工达73.8%，每天用手机上网的职工为72.9%。

因此，通过电视和互联网（台式机和手机）是职工获取信息的两个最主要渠道。

表 2 – 17　您手机上网的频率是？

		频率	百分比	有效百分比	累积百分比
有效	每天接触	722	70.9	72.9	72.9
	2 – 3 天一次	54	5.3	5.5	78.4
	4 – 5 天一次	14	1.4	1.4	79.8
	每周一次	3	0.3	0.3	80.1
	每半月一次	2	0.2	0.2	80.3
	每月一次	5	0.5	0.5	80.8
	很少	135	13.2	13.6	94.4
	从不	55	5.4	5.6	100.0
	合计	990	97.2	100.0	
缺失	系统	29	2.8		
合计		1019	100.0		

从拥有设备方面，92.7%的职工拥有电视，94.8%的职工拥有电脑。64.9%的职工拥有平板电脑（如 iPad），94%的职工拥有智能手机，拥有 DVD（VCD）播放机的职工占55.4%。

（二）媒介使用习惯

有了上述设备，尤其是可用于上网的设备，对职工的影响是巨大的。比如，有90.2%的职工上网主要用于看新闻；81.7%的职工用于查找资料，学新知识；82%的职工主要用于交友，与朋友聊天；83.8%的职工主要用于听音乐、看电视影片、玩游戏。由此可见，信息、娱乐是最重要的上网运用。

表2-18　您上网（包括电脑和手机）主要用于看新闻吗？

		频率	百分比	有效百分比	累积百分比
有效	否	90	8.8	9.8	9.8
	是	833	81.7	90.2	100.0
	合计	923	90.6	100.0	
缺失	系统	96	9.4		
合计		1019	100.0		

表2-19　您上网（包括电脑和手机）主要用于查找资料，学新知识吗？

		频率	百分比	有效百分比	累积百分比
有效	否	159	15.6	18.3	18.3
	是	712	69.9	81.7	100.0
	合计	871	85.5	100.0	
缺失	系统	148	14.5		
合计		1019	100.0		

另外，常使用 QQ 的职工占91.5%，常使用网络论坛的为

58.1%，常使用博客的为49.5%，常使用微博微信的为82.1%。不过，上述应用都不使用的占37.5%，比例是偏高的。但我们也应看到，社交媒体（QQ、博客、微信和微博等）使用率是非常高的，这有助于职工生产、传播和分享信息，而且有利于扩大工作和生活朋友圈。

在遇到工作不顺心或权益受损时，78.9%的职工会通过电话向他人诉说来表达，66.3%的职工会通过QQ（群）聊天来表达，44.1%的职工会通过网络论坛发帖来表达，41.7%的职工会通过写博客文章来表达，58.3%的职工会通过发微博（微信）来表达，38.6%的职工会通过向报社打热线电话来表达。

表2-20　如果您工作不顺心或权益受损，您会通过发微博（微信）来表达吗？

		频率	百分比	有效百分比	累积百分比
有效	否	327	32.1	41.7	41.7
	是	457	44.8	58.3	100.0
	合计	784	76.9	100.0	
缺失	系统	235	23.1		
合计		1019	100.0		

但是，当我们没提供上述选项时，选择"什么都不做的"占46.1%，接近一半。

（三）对媒介表现的意见与建议

具体到媒体对职工权利议题的报道，职工对当前媒体关于职工维权的报道满意程度是很低的："不太满意，数量太少"的占54.4%，"很不满意，报道有偏见"的占9.3%；"很满意"的仅

5.7%，"比较满意"的为29.8%。

表2-21 您对当前媒体关于职工维权的报道是否满意：

		频率	百分比	有效百分比	累积百分比
有效	很满意	57	5.6	5.7	5.7
	比较满意	299	29.3	29.8	35.4
	不太满意，数量太少	554	54.4	55.1	90.5
	很不满意，报道有偏见	95	9.3	9.5	100.0
	合计	1005	98.6	100.0	
缺失	系统	14	1.4		
合计		1019	100.0		

对新闻媒体涉及的一线职工权益报道，67.4%的职工认为应增加职工议题报道量，65.5%认为应活跃报道形式，81.2%的职工认为应更贴近职工生活，72.5%的职工认为增加对职工思想、生活的引导，79.2%的职工认为应加强政策和法律的报道。

（四）职工维权的媒体选择

在访谈中，职工对大众媒体在维护权益方面的作用大多持肯定态度①。

从个人经验来说，媒体对于维权的作用还是挺大的，主要的作用体现在能对相关部门和用人单位起到督促和舆论监督作用，提高他们的办事效率，监督他们处理事件的公正性。（张海超）

媒体对职工维权非常有用。体现在：1.让公众了解真相，就获得了公众的支持和扩散与传播；2.让公众从中获得一定法律知识或

---

① 访谈时间：2014年12月。

者维权技巧；3. 增加或者增强了社会评论；4. 加大或者加强了公众的参与度与知情权；5. 留下第一手资料，也可以说是后期的证据，以及榜样、标本，值得借鉴和学习。（张志强，1967 年生，四川人，走上法庭讨薪的中国农民工第一人）

通过问卷调查，我们发现互联网已成为职工维权的重要渠道。有 55.9% 的职工在借助媒体维护自己的权益时，首选网络，其次是电视（30.4%）。

表 2-22　如果您需要借助媒体维护自己的权益，首选是（单选）

		频率	百分比	有效百分比	累积百分比
有效	报纸	94	9.2	9.6	9.6
	杂志	16	1.6	1.6	11.2
	广播	24	2.4	2.4	13.7
	电视	298	29.2	30.4	44.1
	网络	548	53.8	55.9	100.0
	合计	980	96.2	100.0	
缺失	系统	39	3.8		
合计		1019	100.0		

值得注意的是，网络平台不只是大众媒体，也包括政府部门在网上开辟的信息渠道：

随着互联网的发展和智能手机的普及，网络和自媒体给工人维权带来些许改变。如地方到中央的相关政府部门他们都有自己的政府网站，每个网站内都有一个投诉、监督、举报窗口，我们遇到权利受侵又维权受阻时，可以通过这些相应网站的投诉窗口反映诉求，

其效果还较好。微博对工人维权也是一个不错的办法，但效果还是没有上述投诉效果好。（黄才根）

对"上访不如上网"这一主张，有28.3%的职工认同，"部分认同，二者都有用"的接近一半（49.4%）。48.4%的职工认为互联网是对维权意识和维权知识产生影响最大的途径。

表2-23　您觉得对您的维权意识和维权知识产生影响最大的途径是（单选）

		频率	百分比	有效百分比	累积百分比
有效	单位或社区宣传	76	7.5	7.9	7.9
	报纸杂志	77	7.6	8.0	15.9
	广播电视	189	18.5	19.6	35.4
	互联网	467	45.8	48.4	83.8
	身边人的看法	57	5.6	5.9	89.7
	本人或他人工伤维权经历	99	9.7	10.3	100.0
	合计	965	94.7	100.0	
缺失	系统	54	5.3		
合计		1019	100.0		

对于媒体在职工维权中的作用，高达74.5%的职工认可有作用，其作用体现在：媒体提供知识性信息（57.5%）、媒体提供舆论支持（77.1%）、引起相关领导重视以解决问题（77.4%）。

正因对媒体作用的认识，所以与单位发生劳动纠纷，超过一半（53.7%）的职工将采取向媒体求助（网络论坛发帖或联系媒体）。不过，维护劳动者合法权益的最好方法和途径中，"借助媒体的力量，通过报道引起公众注意"排在最后（9.8%），排第一的是"与单位管理人员积极沟通以争取自己的应得利益"（61.9%）。

表2-24　您觉得维护劳动者合法权益的最好方法和途径是（单选）

		频率	百分比	有效百分比	累积百分比
有效	准备跳槽，随时寻找更好的就业机会	171	16.8	17.2	17.2
	与单位管理人员积极沟通以争取自己的应得利益	617	60.5	61.9	79.1
	与其他工人组织起来与企业进行有效的集体谈判	110	10.8	11.0	90.2
	借助媒体的力量，通过报道引起公众注意	98	9.6	9.8	100.0
	合计	996	97.7	100.0	
缺失	系统	23	2.3		
合计		1019	100.0		

在访谈中，有职工对媒体的作用持审慎态度[1]：

当今主流媒体如报纸、广播电视等都已市场化，他们为了追求发行量和收视率一般不会关注劳动争议，这是其一。其二，报纸、广播电视等主流媒体都要受到新闻审核，一些题材难以刊（播）出。当然，某些具有典型意义的个案是例外，但也只有都市报类会报道。（黄才根）

说实话，媒体对个体权益的维护几乎起不到什么作用。一、像拖欠工资、不买社保这种事情，太多了，就是你去爆料，记者也不会给你报的，因为这些事情太多了，吸引不了眼球；二、利用新媒

____

[1]　访谈时间：2014年12月。

体，比如微博，但你的粉丝太少，转发几下，根本引起不了人的关注。就是引起了关注，对个人权益的维护起不了多大作用。

当然，近年来，一些集体案件，比如说罢工，利用新媒体引起了一些关注，起到了一些作用，但这个不具有普遍性。（吕彦武）

媒体和现在互联网是一个公众平台，具有公平、公正的公众约束监督能力。有了这平台，有些职能部门为了保住官帽就临时采取措施，尽快处理。当然这是一些个例，不是每个受害者农民工都那么幸运。（钟光伟，1973年生，陕西人。打工得了矽肺病，通过微博讲述遭遇和维权故事）。

在研究中我们发现，对职工权利议题的报道，实际上是有很强的季节性。比如，往往每年春节前后，各种讨薪的报道铺天盖地。

在某中央媒体记者看来①：

在报道劳工维权（尤其是讨薪）时，有季节性（尤其是年终）。它有一定合理性，因为年终多发，相对具备普遍性。

在做选题时，往往与时间节点相关，比如到年末媒体会关注农民工讨薪。

不过，有46.3%的职工认为"不好，说明平时报道的力度不够"，31.6%的职工认为"正常。这样容易引起人们共鸣"。

---

① 按该媒体单位的规定，职工接受其他学术访问时，不能透露单位名称。访谈时间：2015年6月。

表2-25 往往每年春节前后，各种讨薪的报道铺天盖地，您对此现象的看法是

		频率	百分比	有效百分比	累积百分比
有效	正常。易引起人们共鸣	312	30.6	31.6	31.6
	不好，说明平时报道的力度不够	457	44.8	46.3	78.0
	不知道怎么评价	217	21.3	22.0	100.0
	合计	986	96.8	100.0	
缺失	系统	33	3.2		
合计		1019	100.0		

（五）媒体与职工群体形象

我们了解现今的世界，大多通过媒体的报道或书本知识。比如对新生代农民工（1980年后出生）的特点与看法，媒体就成了重要的形塑工具。78.2%的职工认同新生代农民工有独立的想法，69.7%的职工认同新生代农民工不太吃苦，63.9%的职工认同新生代农民工心理更脆弱，84.1%的职工认同新生代农民工对工作和生活要求更高。54.6%的职工认同"与老一代职工相比，新生代职工的维权意识更强"。

表2-26 在您看来，有独立的想法是新生代农民工（1980年后出生）的特点吗？

		频率	百分比	有效百分比	累积百分比
有效	否	189	18.5	21.8	21.8
	是	676	66.3	78.2	100.0
	合计	865	84.9	100.0	
缺失	系统	154	15.1		
合计		1019	100.0		

表2－27 与老一代职工相比，新生代职工（1980 年以后出生）的维权意识：

		频率	百分比	有效百分比	累积百分比
有效	更强	547	53.7	54.6	54.6
	更差	67	6.6	6.7	61.3
	一样	73	7.2	7.3	68.6
	说不好	315	30.9	31.4	100.0
	合计	1002	98.3	100.0	
缺失	系统	17	1.7		
合计		1019	100.0		

之所以有上述主流看法，个人经验（如接触"身边的新生代农民工"）占39%，媒体报道占29.8%。

五、结论与讨论

（一）纸面上的权利与看得见的权利

就职工的权利来说，大致可以分为以下几种：生存权（获得报酬的权利，助力再生产）、身体健康权（包括休息权）和民主参与权。

但就实践来说，可以分为纸面上的权利与看得见的权利。我们的调查结果显示，由于新《劳动合同法》自2008 年施行，纸面上的权利可以说落实得很好，比如86.5%的职工签订了劳动合同，而且书面合同占到97.5%。

但是，在履行合同方面，调查结果显示，对单位积极评价的占到67%（包括很好、较好），有近20%的职工没有对此进行回答，若加上评价一般和不好的比例，将占到三成。此外，有高达42.4%

的职工承认所在单位有同工不同酬的现象。调查结果显示，20.7%的职工承认，身体健康权是常被侵害的权利之一。有 29.4% 的职工所在单位根本就不安排体检，一年一次体检的占 47.6%，不到一半。

此外，37.2% 的职工承认，休息权是常被侵害的权利之一。职工在日常工作中，加班（超过 8 小时）的现象比较常见（超过一半），最近一个月平均每天工作时间超过 8 小时的占 40% 以上。没有享受带薪休假的接近四成（38.3%）。其中，自愿放弃的仅为22.6%，"单位没有这个假"的高达 77.3%。在没有享受带薪休假的职工中，90% 的人没有得到工资补偿。

若按马斯洛需求层次理论，生存权属于第一层次（即生理的需要），身体健康权可归于第二层次（安全上的需要），民主参与权则可归属于第三层次（情感和归属的需要）、第四层次（尊重的需要）和第五层次（自我实现的需要）。

就我们的调查结果来看，第一层次和第二层次也不能令人满意，民主参与权在纸面上都难以呈现，更遑论看得见了。比如在制度设计方面，仅有 19.9% 的职工所在单位有劳动争议调解委员会，回答"没有"的为 35%，"不知道"的高达 45%。工资集体协商制同样不乐观，15% 的职工称单位建立了。"没建立"和"不知道"分别占 35.5% 和 48.7%。

此外，有 24.7% 的职工表示单位没有工会，还有 18.2% 的职工不知道所在单位是否有工会。虽然有 56.9% 的职工表示单位建立了工会，但他们中仍有 22.5% 的职工没有参加工会。明确回答有没有得到过工会的帮助中，59.7% 的职工回答了"没有"。调查结果显示，51.2%的职工对工会表示满意，11.2%的职工不满意，但有37.6%的职工不评价。这也难怪，24.3%的职工承认最常被侵害的权利有民主参与权。

民主参与的前提是掌握相关的知识。就法律知识来说，虽然有92.4%的职工知道《劳动法》，但仅53.2%的职工知道《工会法》，55.1%的职工知道《职业病防治法》，56.2%的职工知道《公司法》，51.6%的职工知道《企业法》，57.2%的职工知道《安全生产法》。作为民主参与的重要中介，工会的重要性不言自明。但《工会法》的知晓度还需要多做普及以提高。

更让人深思的是，调查结果显示，职工参加单位的民主管理的意愿并不是很乐观的，其中"非常愿意"的占23.4%，"比较愿意"的占32.2%，"一般"的高达34.9%，"不愿意"（包括"不太愿意"和"很不愿意"）的占9.6%。各种原因当然值得深入思考：到底是渠道不畅，还是国民性的问题？

我们的调查显示，如果与所在单位发生劳动纠纷，职工愿意采取当面找单位领导说理处理的占83.7%、找单位工会帮助处理的占59%，向地方政府或上级工会反映处理的56.5%，请仲裁机构帮助处理的占60.9%，采取请老乡、朋友帮忙处理的占41.5%。

此外，愿意采取联合工友集体上访处理的占36.1%，采取组织员工罢工处理的占33.8%，采取过激行为（如威胁、自杀）处理的占30.5%，采取默默忍受，不求助处理的占35%。

可见，通过个人方式（向领导、工友求助等）解决劳动纠纷的职工占绝大多数。通过组织方式（如工会、仲裁机构）解决的职工则次之。另外，与自己切身相关的物质权利，职工抗争意愿更强。

（二）如何将权利落到实处？

我们的调查显示，48.7%的职工认同"开会学文件是提高职工维权意识的有效形式"；71%的职工认同"听法律讲座或相关报告是提高职工维权意识的有效形式"；54%的职工认同"与管理人员谈心是提高职工维权意识的有效形式"；40.7%的职工认同"读书演讲是提高职工维权意识的有效形式"；71.2%的职工认同"通过媒体报道学习相关知识是提高职工维权意识的有效形式"。

此外，65.4%的职工认同"工会真正为员工代言是提高职工维权意识的有效形式"；67.8%的职工认同"员工参与管理是提高职工维权意识的有效形式"。相对说来，职工更认同通过自我学习（听讲座、看媒体报道）来提高维权意识。

虽然"罢工"在中国大陆是一个敏感词，但70.2%的职工认为应该有"罢工"的权利；但仅有4.7%的职工有过"罢工"的经历。但是，27.7%有过消极怠工的经历。另一方面，对"上访""游行"等集体行动，明确表示支持的仅为17.2%，不支持的占30.1%，超过一半的职工没有明确表态。即令被邀请，仅7.3%的职工会积极参加，不支持的占41.3%，"不一定"的占51.4%。

权利的落实显然不是劳资单方面能实现的。从宏观层面来说，有法可依、违法必究是制度性的保障；从中观层面来说，劳资之间如何通过有代表性和公正性的中介（如工会）作为桥梁亦非常重要；从微观层面来说，职工的权利知识和权利意识也应有所增益，从而为维护自身权利提供智力支持与行为驱动。

（三）维护职工权利，媒体的使命

无论从宏观、中观还是微观层面，媒体的作用都是非常大的。无论是权利知识的传播，还是权利意识的启蒙，以及通过传播赋权，都彰显了媒体的不可替代性。

我们特别注意到，媒介对职工权利维护的影响。在遇到工作不顺心或权益受损时，78.9%的职工会通过电话向他人诉说来表达，66.3%的职工会通过QQ（群）聊天来表达，44.1%的职工会通过网络论坛发帖来表达，41.7%的职工会通过写博客文章来表达，58.3%的职工会通过发微博（微信）来表达，38.6%的职工会通过向报社打热线电话来表达。

通过我们的调查发现，互联网已成为职工维权的重要渠道。有55.9%的职工在借助媒体维护自己的权益时，首选网络，其次是电视（30.4%）。

对"上访不如上网"这一主张，有28.3%的职工认同，"部分认同，二者都有用"的接近一半（49.4%）。48.4%的职工认为互联网是对维权意识和维权知识产生影响最大的途径。

对于媒体在职工维权中的作用，高达74.5%的职工认可有作用，其作用体现在：媒体提供知识性信息（57.5%）、媒体提供舆论支持（77.1%）、引起相关领导重视以解决问题（77.4%）。

正是由于对媒体作用的认识，所以与单位发生劳动纠纷时，超过一半（53.7%）的职工将采取向媒体求助（网络论坛发帖或联系媒体）。不过，维护劳动者合法权益的最好方法和途径中，"借助媒体的力量，通过报道引起公众注意"排在最后（9.8%），排第一的是"与单位管理人员积极沟通以争取自己的应得利益"（61.9%）。通过我们的调查发现，互联网已成为职工维权的重要渠道。有55.9%的职工在借助媒体维护自己的权益时，首选网络，其次是电视（30.4%）。

但是，职工对当前媒体关于职工维权的报道满意程度是很低的："不太满意，数量太少"的占54.4%，"很不满意，报道有偏见"的占9.3%；"很满意"的仅5.7%，"比较满意"的为29.8%。

对职工权利议题的报道，实际上是有很强的季节性。比如，往往每年春节前后，各种讨薪的报道铺天盖地。对此现象，有46.3%的职工认为"不好，说明平时报道的力度不够"，31.6%的职工认为"正常，这样容易引起人们共鸣"。

从上述数据可以看出，在自身权利受损时，职工大多认可媒体对维权的作用，而且乐于通过互联网发布信息。但另一方面，职工对与他们相关的报道并不满意，主要体现在报道的数量和质量上。此外，职工对传统媒体的倚重有所降低。

此外，通过我们对职工的访谈，我们可以得出一些基本认识：

1. 在工作中，劳工权利受损是常有的。它不只是物质层面的（如薪酬），也是精神层面的（如自由、尊严）。

2. 在权利受损后，要夺回应得的权益是非常难的，有时可能用非常手段（包括暴力）。

3. 对媒体的作用，多是认同的。不过大多认为网络媒体和个别都市报表现更佳。

但一些问题值得我们思考。从访谈结果来看，劳工的权益知识来源，主要是图书和互联网。因为信息的海量性、互动性和可搜索，网络实际上成为一个免费、开放的知识库和咨询平台。

在中国大陆，媒体不仅是党和政府的耳目喉舌，也是人民群体的耳目喉舌。职工包括工人和职员，其队伍非常庞大。官方数据显示，2015 年全国就业人员为 77451 万人，第一产业就业人员为 21919 万人，第二产业就业人员为 22693 万人，第三产业就业人员 32839 万人①。这些就业人员中的大多数都是职工，也是人民群众中的大多数。我们的媒体（尤其是传统媒体）是否真的是职工的耳目喉舌，这是需要我们审视的。仅从我们调查结果看，似乎还有不少距离。

另一方面，由于网络媒体报道的及时性和广泛性，事实上传统媒体的信息生产面临巨大的挑战。在这种现状下，传统媒体如何通过权威而专业的操作报道职工权利，显得非常重要和急迫。

正如一位中央媒体记者以媒体报道对农民工权益的影响为例，谈到了媒体的赋权效果②：

　　媒体对维护职工的权益是有用的。从宏观来说，媒体多报道，就会提升农民工在社会中的话语权，加大社会对农民工群体的了解和重视，使他们从社会的"弱势群体"的标签、阴暗角落里走出来，走到聚光灯下。他们也可以生活得很阳光，不一定很苦哈哈。我接触的一些农民工被采访对象经常提到"社会上听不到我们的声音，

---

① 数据来源：国家统计局网站，获取时间 2018 - 01 - 02。
② 按该媒体单位的规定，职工接受其他学术访问时，不能透露单位名称。访谈时间：2015 年 6 月。

没有一首歌是唱我们的"，媒体的关注会有助于改善这一问题，让他们生活得更有尊严、多一些乐趣和自豪感。从微观来说，一些讨薪行动、农民工陷入重病需要救助的事情，是通过媒体报道才引起社会和政府关注，得到了解决或捐助。

因此，在赋权职工的路上，大众媒体不能缺席，也不该缺席。

第三章　职工权利维护与大众媒体良性互动的对策与建议

一、职工权利状况与权利意识的动态发展

自有劳动关系以来，劳资双方就开始不断博弈。相较而言，劳方处于弱势地位，因此会通过不断地抗争以夺回自己应有的权益。在西方劳工运动史上，8 小时工作、同工同酬等今天看来理所应当的工作要求，实际上是无数人经过长期、艰苦奋斗而取得的成果①。

中国也不例外。中共中央、国务院在《关于构建和谐劳动关系的意见》也提出："我国正处于经济社会转型时期，劳动关系的主体及其利益诉求越来越多元化，劳动关系矛盾已进入凸显期和多发期，劳动争议案件居高不下，有的地方拖欠农民工工资等损害职工利益的现象仍较突出，集体停工和群体性事件时有发生，构建和谐劳动

---

① 美国加州女性通过 66 年的争取，从 2016 年 1 月起与男性同工同酬。参见报道：刘丹. 力争六十六年美国加州男女同工同酬终成法律［N］. 中新社旧金山，2015 - 10 - 06.

关系的任务艰巨繁重。"①

从上述论断来看，形势是非常严峻的，但如果我们将视线拉长一些，就会发现，中国职工权利状况实际是一个动态的发展过程。

自 1982 年以来，中华全国总工会每隔四五年就进行一次全国职工队伍状况调查，迄今共 8 次②。在调查方法中，既有问卷调查，又有个案访谈。由于其样本大、调查方法科学，很有代表性。

从第 3 次全国职工队伍状况调查后，得出的相关结论都与职工权利密切相关：

第 3 次调查（1992 年）结论：推进改革开放、发展社会主义市场经济，必须坚持科学民主决策、职工总体受益、改革力度与社会承受程度相适应的原则，维护好职工利益。

第 4 次调查（1997 年）结论：必须加大调整劳动关系力度，在企业建立稳定协调的劳动关系，依法维护广大职工合法权益。

第 5 次调查（2002 年）结论：必须正确认识和处理职工队伍的内部关系，切实保障不同群体职工的合法权益，巩固职工队伍的团结统一。

第 6 次调查（2007 年）结论：要发展工人阶级的先进性，正确处理职工队伍内部利益关系，保障职工就业和分配权利，加强基层民主建设，发展和谐劳动关系③。

---

① 中共中央国务院关于构建和谐劳动关系的意见（2015 - 03 - 21）［N］. 人民日报，2015 - 04 - 09（01）.
② 调查的年份分别为：1982 年、1986 年、1992 年、1997 年、2002 年、2007 年、2012 年和 2017 年。
③ 第七次全国职工队伍状况调查正式启动［N］. 工人日报，2012 - 07 - 03（1）.

第 7 次调查（2012 年）显示，我国非公企业职工规模不断壮大，但权益状况更加复杂：伴随文化水平和技能素质的提高，年龄的降低，以及青年农民工的增多，他们的利益诉求更加多元，权利意识更加强烈。与此同时，困扰职工权益的"老问题"与"新问题"叠加显现①。

第 8 次调查（2017 年）结论：职工权益得到有效实现。职工社会保障实现状况不断向好。职工劳动安全卫生权益得到较好维护，安全事故发生率逐年下降，职业病防治力度加大。企事业单位民主管理制度发挥重要作用，职工群众的知情权、参与权、表达权、监督权得到有效保障②。

从不同年度调查的结论可以看出，中国职工的状况是与政治、经济和社会发展的状况密切相关的。比如第 7 次调查特别关注了非公企业职工的心理健康问题。富士康员工连续"十三跳"事件引发全社会对青年职工心理健康问题的讨论，而相关调查也显示，92.6% 的职工感觉生活有压力，其中 41.8% 的职工表示压力很大，且 22.2% 的职工表示只能默默忍受。

中国工人权利意识的发育同样也是一个多方作用的结果。有研究者指出，"改革开放以来，伴随着社会的转型，工人权利意识开始觉醒、提升，并且正在走向成熟"。其发展变化分为三个阶段：1978—1992 年，是工人权利意识的"显化"阶段；1993—2002 年，是工人权利意识的渐进发展阶段；2003 年以来是工人权利意识的快

---

① 李新玲. 关注非公企业劳动者的权益维护 [J]. 劳动保障世界，2014 (10).
② 第八次全国职工队伍状况调查领导小组负责人答记者问 [N]. 工人日报，2018 - 01 - 17.

速提升阶段。促使工人权利意识发育主要有四个因素：市场化改革是工人权利意识发育的土壤，法制化使权利意识成为工人的主要意识形态，全球化为工人权利意识发育提供了外部资源，网络化（即互联网）为工人权利意识的发育提供了新的平台①。

二、大众传媒在职工权利维护过程中的作用机制

在本书绪论部分，我们提出，从传播赋权的角度来观照中国职工权利，是非常独特的角度，亦有其独特价值。

通过信息传播实现职工赋权有多种方式，若进行简单划分，可分为外在力量赋权和自身力量赋权两种。但值得提出的是，媒介，尤其是大众传媒（包括新媒体）是不可或缺的中介。

我们特别提出要注重全球化对职工的传播赋权的影响。一方面，对职工来说，全球化的好处在于生产的全球化与工作机会的多样化。而与权利相关的新信息得以输入和传播，这有助于职工对权利的认知，也会提高权利意识；另一方面，职工权利议题的全球传播成为常态。

作为赋权职工的重要外部机构，我国的大众传媒既是党和政府的耳目喉舌，又是人民群体的耳目喉舌。我们在探讨大众传媒在职工维权过程中的角色与功能时，同样不能只是简单地局限于单向地为职工服务，或者满足于职工与大众传媒进行良性互动，而应放置在多重视野下，才能将二者的关系看得更透彻。

---

① 林燕玲. 中国工人权利意识的发育状况及其原因分析［J］. 中国劳动关系学院学报，2010（2）.

在我们的研究中（见本书第一章），一方面通过分析大众传媒（以报纸、电视和网络为主）关于职工权利议题的报道，了解媒体做了什么，存在什么问题；另一方面，通过在全国发放 1019 份问卷，以了解职工权利状况、维权意识与媒介使用情况。在问卷调查外，还有一些职工深度访谈，更真实反映职工对大众传媒功能和角色的看法。

在报纸方面，通过对《人民日报》《工人日报》和《南方都市报》抽样，获得 731 篇职工相关新闻报道，发现 2007 年后的职工题材的报道明显增多。从叙事类型看，受爱护叙事在工人新闻报道中比重最高（占 35.70%）：在所有主题中，工人日常生活最高（占 28.57%），其次就是劳资纠纷/工人维权/事故工伤（占 20.60%）。在涉及"劳资纠纷/工人维权/事故工伤"时，侵害工人合法权益的，八成是企事业单位。

在电视方面，中央电视台和凤凰卫视十多年来的相关报道显示，电视媒体与职工权利议题相关的报道并不少，而且报道的规格很高，主要集中在经济方面的权利（以劳动报酬权为代表）和人身方面的权利（以职业安全权为代表）。电视媒体在个案呈现上表现突出，但制度性思考比较缺乏。权利呈现的广泛性和舆论监督的连续性与层次性需要强化。

在互联网方面，通过分析人民网舆情监测室自 2007 年推出的年度互联网舆情分析报告，我们发现，在年度事件中，有不少是关于职工权益内容的。其涉及权利类型是多样的，除劳动报酬权的，还有生命权、休息权和物权等。在相关事件传播过程中，意见领袖和传统媒体的作用非常大。此外，由于互联网的国际性，相关事件的传播极易全球化。另一方面，互联网作为一种动员工具更应值得重视。在动员方式上，往往是线下动员和线上动员相结合的。

通过全国 1019 份问卷调查（见本书第三章），我们对中国职工权利状况、维权意识与媒介使用有了较全面、详细的认识。职工的权利可以分为纸面上的权利与看得见的权利。我们的调查显示，由于新《劳动合同法》自 2008 年施行，纸面上的权利可以说落实得很好，比如 86.5% 的职工签订了劳动合同，而且书面合同占到 97.5%。

但是，在履行合同方面，调查结果显示，对单位积极评价的占到 67%（包括很好，较好），有近 20% 的职工没有对此进行回答，若加上评价一般和不好的比例，将占到三成。此外，有高达 42.4% 的职工承认所在单位有同工不同酬的现象。调查结果显示，20.7% 的职工承认，身体健康权是常被侵害的权利之一。有 29.4% 的职工所在单位根本就不安排体检，一年一次体检的占 47.6%，不到一半。此外，37.2% 的职工承认，休息权是常被侵害的权利之一。

我们特别注意到，媒介对职工权利维护的影响。71.2% 的职工认同"通过媒体报道学习相关知识是提高职工维权意识的有效形式"。在遇到工作不顺心或权益受损时，78.9% 的职工会通过电话向他人诉说来表达，66.3% 的职工会通过 QQ（群）聊天来表达，44.1% 的职工会通过网络论坛发帖来表达，41.7% 的职工会通过写博客文章来表达，58.3% 的职工会通过发微博（微信）来表达，38.6% 的职工会通过向报社打热线电话来表达。互联网已成为职工维权的重要渠道。有 55.9% 的职工在借助媒体维护自己的权益时，首选网络，其次是电视（30.4%）。

但是，职工对当前媒体关于职工维权的报道满意程度是很低的："不太满意，数量太少"的占 54.4%，"很不满意，报道有偏见"的占 9.3%；"很满意"的仅 5.7%，"比较满意"的为 29.8%。

综上所述，一方面大众媒体在职工权利议题方面，做了很多的工作：无论是报道的数量还是规格。以报纸和电视为代表的传统媒体与互联网为代表的新媒体，为职工打造了一个公共平台。在权利呈现的多样性和典型性方面，尤其是个案故事的呈现上，都是值得称赞的。但另一方面，有一半以上的职工对职工维权相关报道实际上是不满意的。

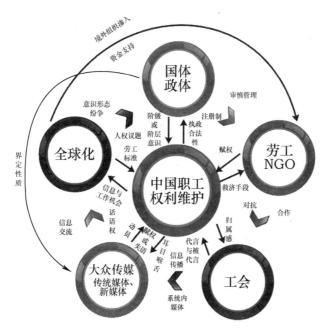

图 3-1　中国职工权利维护的社会生态系统

我们也对一些职工代表进行了访谈，他们大多认同媒体的作用。不过，大多认为网络媒体和个别都市报表现更佳。受访职工的权益知识来源，主要是图书和互联网。因为信息的海量性、互动性和可搜索，网络实际上成为一个免费、开放的知识库和咨询平台。因此，大众传媒对职工的赋权还应做出更大的贡献。

总的说来，作为增加职工社会资本的重要手段，大众传媒的功能与角色显然不能只局限于展现职工的权利议题，而是要在实践中与职工实现良性互动。更进一步说，应该在整个社会生态系统中来探究两者的定位。

从上图可以看出，职工权利的维护受多重因素的影响：

1. 全球化的影响非常深远，既对国体、政体产生影响，也对劳工NGO、大众传媒体造成影响。对职工权利的直接影响则体现在提供信息与工作机会，提升劳工标准；

2. 我国是工人阶级领导的、以工农联盟为基础的人民民主专政国家（国体），实行人民代表大会制度（政体）。在强调执政合法性的基础上，又反过来对职工的阶级或阶级意识进行了强化，其中也包括权利意识（作为国家的"主人翁"）。

3. 工会本应该是职工的"娘家人"，也就是职工权利的守护者，但现实实践中存在代表性缺位或不到位的现象，求助劳工NGO往往成为一种救济的手段。

4. 无论是传统媒体还是新媒体，对职工维权，往往在赋权与失语间切换。在传统媒体的功能定位中，"耳目喉舌"是本色，工会系统内媒体更应符合这一定位。但新媒体与传统媒体在功能方面比较特别的是，除了提供更宽松的信息传播平台外，它还是更强的社会动员工具。

三、职工维权与大众传媒实现良性互动

结合我们的研究成果以及职工权利维护的社会生态系统的构建，显然大众传媒与职工维权实现良性互动并不只是新闻实践的问题。我们需要从整个社会生态系统来探究。

（1）从国家层面，需要将"以工人阶级为领导"的官方话语与职工的现实感知对应起来。

我们需要通过践行法治，体现"法律面前人人平等"，保障因不同社会分工的职业尊严感，而不是"相对剥夺感"和"非人感"。

实际上，无论是领导人讲话，还是出台重要文件，都在强调或夯实中华人民共和国的国体：工人阶级领导的，以工农联盟为基础的人民民主专政的社会主义国家。

党中央历来高度重视产业工人队伍建设。2015 年 4 月，我国在人民大会堂以最高规格表彰全国劳动模范和先进工作者。习近平在讲话中指出，不论时代怎样变迁，不论社会怎样变化，我们党全心全意依靠工人阶级的根本方针都不能忘记、不能淡化，我国工人阶级地位和作用都不容动摇、不容忽视。

2017 年 2 月 6 日，习近平主持召开中央全面深化改革领导小组第三十二次会议。会议审议通过了《新时期产业工人队伍建设改革方案》。会议指出，工人阶级是我国的领导阶级，产业工人是工人阶级的主体力量。要从巩固党的执政基础的高度，从促进我国经济社

会持续健康发展的高度,加快产业工人队伍建设改革,坚持全心全意依靠工人阶级的方针,按照"政治上保证、制度上落实、素质上提高、权益上维护"的总体思路,针对影响产业工人队伍发展的突出问题,创新体制机制,提高产业工人素质,畅通发展通道,依法保障权益,造就一支有理想守信念、懂技术会创新、敢担当讲奉献的宏大的产业工人队伍。

近年来,中共中央、国务院亦下发了不少与职工权益相关的文件。由于农民工已成为我国产业工人的主体,因此不少文件都是针对农民工而出台的。

表3-1 中共中央、国务院下发的与职工权益相关的文件(2008—)

文件名	发文字号	主要内容
关于切实做好当前农民工工作的通知	国办发〔2008〕130号	采取多种措施促进农民工就业;加强农民工技能培训和职业教育;大力支持农民工返乡创业和投身新农村建设;确保农民工工资按时足额发放;做好农民工社会保障和公共服务。
关于进一步做好农民工培训工作的指导意见	国办发〔2010〕11号	加强农民工职业技能培训、在岗技能提升培训、创业培训和农村实用技术培训。着力提升培训质量,使经过培训的农民工都能掌握一项实用技能,提高培训后的就业率。

续表

文件名	发文字号	主要内容
关于进一步做好为农民工服务工作的意见	国发〔2014〕40号	实施农民工职业技能提升计划；着力维护农民工的劳动保障权益（规范使用农民工的劳动用工管理；保障农民工工资报酬权益；扩大农民工参加城镇社会保险覆盖面；加强农民工安全生产和职业健康保护；畅通农民工维权渠道；加强对农民工的法律援助和法律服务工作）；着力推动农民工逐步实现平等享受城镇基本公共服务和在城镇落户；着力促进农民工社会融合
关于构建和谐劳动关系的意见	中共中央、国务院2015年3月21日	坚持促进企业发展、维护职工权益，坚持正确处理改革发展稳定关系，推动中国特色和谐劳动关系的建设和发展，最大限度增加劳动关系和谐因素，最大限度减少不和谐因素，促进经济持续健康发展和社会和谐稳定。
关于全面治理拖欠农民工工资问题的意见	国办发〔2016〕1号	以建筑市政、交通、水利等工程建设领域和劳动密集型加工制造、餐饮服务等易发生拖欠工资问题的行业为重点，健全源头预防、动态监管、失信惩戒相结合的制度保障体系，完善市场主体自律、政府依法监管、社会协同监督、司法联动惩处的工作体系；到2020年，努力实现基本无拖欠；加大普法宣传力度。
关于印发推动1亿非户籍人口在城市落户方案的通知	国办发〔2016〕72号	全面放开放宽重点群体落户限制。除极少数超大城市外，全面放宽农业转移人口落户条件。省会及以下城市要全面放开对高校毕业生、技术工人、职业院校毕业生、留学归国人员的落户限制。

续表

文件名	发文字号	主要内容
《新时期产业工人队伍建设改革方案》	中共中央国务院2017年	要把产业工人队伍建设作为实施科教兴国战略、人才强国战略、创新驱动发展战略的重要支撑和基础保障，纳入国家和地方经济社会发展规划，造就一支有理想守信念、懂技术会创新、敢担当讲奉献的宏大的产业工人队伍。

从上述文件可以看来，国务院单独下发的文件特别注重农民工的权益保护问题，从工资发放、技能培训，再到农民工的城市化，可以说是全方位的。中共中央和国务院联合下发的文件则是全局性的，《关于构建和谐劳动关系的意见》和《新时期产业工人队伍建设改革方案》都是纲领性文件：前者并不讳言劳动关系中的不和谐因素，辟专节强调"依法保障职工基本权益"（包括取得劳动报酬的权利、休息休假的权利、获得劳动安全卫生保护的权利以及享受社会保险和接受职业技能培训的权利）；后者则从战略角度释放了党中央始终坚持以人民为中心的发展思想和全心全意依靠工人阶级方针的强烈信号，对进一步巩固党的执政基础，实施制造强国战略，全面提高产业工人素质，具有重大而深远的意义。

通过党和国家领导人的讲话和一系列中央文件，为工人阶级的领导地位立下了定海神针。当然，更重要的是，须将相关讲话和文件精神落到实处。如果全党、全社会把重视工人阶级的状况当作一项影响执政合法性的任务，很多问题将迎刃而解。

2017年，广为传播的农民工讨薪"河南模式"，其实是政府部

门有所作为的结果。自 2010 年以来，河南法院连续 8 年开展 9 次
"拖欠农民工工资案件集中办理"活动，共审结 77686 件农民工讨
薪案件，为 151390 位农民工讨回欠薪 59. 51 亿元，并实现了该项
工作的常态化、制度化。为集中办理拖欠农民工工资案件，河南
省三级法院均成立了以院长为组长的"拖欠农民工工资案件办理
工作领导小组"，下设办公室，专门负责为农民工讨薪的日常工
作。在多年审判执行实践中，河南法院逐步探索出"四快三优先
两免"工作机制，即快立、快审、快结、快执，优先立案、优先
审理、优先执行，依法免除困难农民工的诉讼费、执行费，努力
让农民工打省心省时、省力省钱的官司，让每一位农民工兄弟切
实感受到公平正义①。

　　如果我们把"河南模式"推及全国，推及至全国各个行业，职
工权益的保障问题显然就不会是问题了。

　　中国的国体决定了传媒体制的合理性，但大众传媒高度市场化
的结果，可能导致信息传播被市场操控或异化，产生身份的背离。

　　"以工人阶级为领导"的话语当然需要大众传媒来传播，与工人
阶级相关的信息得以真实、全面、客观地呈现是前提。普通职工的
喜怒哀乐（尤其是与合法权益相关的议题）有机会借由大众传媒报
道出来，也会极大地丰富"以工人阶级为领导"的现实感知。

　　这有赖于政府部门管理思路的转变。正如有学者指出的那样，
"在中国媒体空间的成长过程中，国家不仅维持了控制，还提供了一

---

　　① 石国庆，杨晓娜."八年奋战"河南法院为逾 15 万农民工讨薪 59 亿元［EB/OL］.
人民网，2017 - 12 - 22.

定的支持。因此，当政府进一步转变职能，在实现从全能性政府向服务性政府转变的过程中，把更多的信息服务工作转移给包括都市媒体和网络媒体的多层次、多样化的媒体组织时，人们似乎可以期待一个国家与社会互动互补、相对和谐的新局面"①。

（2）充分发挥职工中介组织的作用

对职工来说，助力其权益维护的中介组织中，最重要的是工会和非政府组织（劳工 NGO）。

工会是"职工自愿结合的工人阶级的群众组织。中华全国总工会及其各工会组织代表职工的利益，依法维护职工的合法权益"，"在中国境内的企业、事业单位、机关中以工资收入为主要生活来源的体力劳动者和脑力劳动者，不分民族、种族、性别、职业、宗教信仰、教育程度，都有依法参加和组织工会的权利。任何组织和个人不得阻挠和限制。"②

作为一种制度设计，工会从理论上说是职工的"娘家人"，其存在的意义就是代表职工的利益，维护职工的合法权益。企业、事业单位违反职工代表大会制度和其他民主管理制度，工会有权要求纠正，保障职工依法行使民主管理的权利。

中共中央总书记习近平同志曾在公开场合多次强调工会在维护职工权益中的角色与使命：

---

① 展江. 审慎而积极地调整国家—媒体关系——胡锦涛在人民日报社考察工作时的讲话解读［J］. 国际新闻界，2008（7）.

② 《中华人民共和国工会法》（修正）（1992 年 4 月 3 日第七届全国人民代表大会第五次会议通过。根据 2001 年 10 月 27 日第九届全国人民代表大会常务委员会第二十四次会议《关于修改〈中华人民共和国工会法〉的决定》修正）。

"要坚决履行维护职工合法权益的基本职责，把竭诚为职工群众服务作为工会一切工作的出发点和落脚点，帮助职工群众通过正常途径依法表达利益诉求，把党和政府的关怀送到广大劳动群众心坎上，不断赢得职工群众的信赖和支持。"①

"要顺应时代要求、适应社会变化，善于创造科学有效的工作方法，让职工群众真正感受到工会是'职工之家'，工会干部是最可信赖的'娘家人'"。②

当然，各级工会要成为职工利益的真正代表组织，显然并不容易。有研究者呼吁，"将工会从政党－国家体制中剥离出来，并使工会成为自治性政治组织。在他们看来，如果不能实现自治，所谓的代表工人利益，就是一句空话"③。这一论点太过偏激。我们认为，只要工会组织机构实现民主选举，在现有体制下，仍然可以彰显工会的主体性和代表性。

工会要给职工归属感，关键在于要有所作为。工会不但可以代表职工与企业、事业单位交涉侵犯职工劳动权益情形，要求企业、事业单位采取措施予以改正。企业、事业单位应当予以研究处理，并向工会作出答复。若企业、事业单位拒不改正的，工会还可以请求当地人民政府依法作出处理：

① 2015年4月28日，习近平在庆祝"五一"国际劳动节暨表彰全国劳动模范和先进工作者大会上的讲话。全文见新华社北京4月28日电文，网址：http://www.xinhuanet.com//politics/2015－04/28/c_1115120734.htm，获取时间：2019年10月1日。

② 2013年4月28日，习近平来到全国总工会机关，同全国劳动模范代表座谈并发表重要讲话。讲话全文见中央政府门户网站，网址：http://www.gov.cn/ldhd/2013－04/28/content_2393150.htm，获取时间：2019年10月1日。

③ 冯同庆. 中国工人的命运 [M]. 北京：中国社会出版社，2002：130.

此外，工会也有对职工进行培训的义务：不只是职业技能，也包括法律、法规知识。工会系统内的媒体亦有培训之责，但首先应该是职工的媒体：工会可以将其打造为职工权利维护的工具和阵地，职工亦可通过自己的媒体获取知识，并发声。工会亦是职工的代言人，职工信息发布中心，通过向系统外的大众传媒推送与职工相关的新闻信息，或通过举办新闻发布会的方式让职工议题引发全社会的关注，从而集结全社会的力量，切实维护职工的合法权益。

在日常工作中，各级工会还应建立起动态的舆情监控机制，尤其要关注职工通过社交媒体进行电子动员的情况，及时发现职工思想动态，从而有针对性地解决问题。

除工会之外，劳工 NGO 也是维护职工合法权益的中介组织。与工会是群体性组织不同，劳工 NGO 是维护和声张劳工权益非政府公益组织。此外，与工会相比，劳工 NGO 要灵活些，可跨越行业和地区对职工进行赋权，也是职工权利维护的重要救济手段。从这个角度来说，工会和劳工 NGO 在维护职工合法权益方面可以互为补充，是选择合作还是对抗，需要认知理念和管理方式的更新。

有学者在研究劳工 NGO 对农民工权益保障时指出："在当代中国，政府无论是对劳资事务的监管还是保障农民工合法权益行动，存在许多局限性，均会出现政府失灵的问题。它需要劳工 NGO 予以回应。而劳工 NGO 参与社会公共事务治理，尤其是其人性化志愿服务能有效地为农民工提供社会网络支持、情感支持，提升其法律意识，降低可能的暴力维权行动。这对政府劳资事务治理和实现社会稳定有积极意义。但现行非政府组织政策环境限制其参与保障农民工合法权益的活动，同时，劳工 NGO 大多缺少合法身份和资源，制约其与政府良性互动，降低其作用的发挥。"①

　　另有研究发现，广东省的珠三角地区是中国农民工最为集中的区域之一，"劳工 NGO 在提高农民工维权意识和能力，传播法律知识，提升务工技能，舒缓心理压力等方面发挥了积极作用，逐渐成为一支维护社会稳定的重要力量。但是在现有社会环境下，受政策、劳工权益意识、自身能力建设、组织资源匮乏等因素制约，其组织生存与发展面临极大挑战。"②

　　在我们看来，如果说传统的工人阶级维权是"以理维权"（落实国体），那么作为产业工人主体的农民工更多是"以法维权"，即依据《劳动法》《劳动合同法》等获得合法权益。就珠三角地区的实践来看，劳工 NGO 更多地成了农民工的"娘家人"。但他们维的权，仍是合法的经济权利，而不是政治上的权力。

　　不可否认，一些劳工 NGO 确实受到境外组织的影响。2016 年 9 月 26 日，劳工 NGO 负责人曾飞洋、汤欢兴、朱小梅聚众扰乱社会秩序案一审公开开庭审理。法庭当庭宣判，3 名被告人犯聚众扰乱社会秩序罪，分别被判处有期徒刑 3 年至 1 年 6 个月不等，并因有悔罪表现和法定从轻情节，均宣告缓刑。3 人当庭认罪，表示服从判决，不上诉。相关调查显示，一些劳工 NGO 受多家境外组织资助

---

① 杨正喜，等. 劳工 NGO 对农民工权益保障的价值和限度 [J]. 西北人口，2011 (6)：32.

② 林硕锋. 维权与维稳之间：珠三角劳工 NGO 发展研究 [D]. 广州：中山大学，2011.

煽动工人①。

我们当然不能因噎废食，个别劳工 NGO 违法或违规，并不代表劳工 NGO 没有存在的价值，更不能否认它们对劳工权益保护做出的贡献。近年来，劳工 NGO 在珠江三角洲活动频繁，但也出现一些因不明原因而关停的事件。如何发挥劳工 NGO 在职工维权中的辅助作用，政府相关部门的宽容态度与管理水平显得尤为重要。在我们看来，需要做的应是加强管理，将其纳入法治的轨道上来。除本土劳工 NGO 外，还有一些境外 NGO 也会参与劳工事务，《中华人民共和国境外非政府组织境内活动管理法》自 2017 年 1 月 1 日起施行，就是法治思维的体现。

我们要特别注意劳工 NGO 与境外媒体的互动。正如我们在绪论中所提到的那样，劳工议题很容易实现全球传播。一来劳工议题带有全球普适性，二来西方发达国家媒体信奉的新闻价值标准致其对冲突性议题非常感兴趣。

不过，需要说明的是，职工中介组织（工会或劳工 NGO）对职工的协助只属于赋权的"外力推动模式"。若仅仅靠外力的推动，而工人缺乏主动性，那么赋权则难以实现。

（3）大众传媒要有全球意识、大局意识和责任意识

在职工维权过程中，大众传媒是重要的中介：通过信息传播，一方面把党和国家重要的路线、方针、政策传播给职工，另一方面，报道职工的喜怒哀乐，从而提升职工的归属感。

---

① 新华社. 起底"工运之星"——曾飞洋等人聚众扰乱社会秩序犯罪案件透视［EB/OL］. 新华网，2016 - 09 - 27.

对职工来说，大众传媒分为工会系统内传媒和工会系统外传媒。对职工维权来说，二者有同有异：

首先，从受众对象来看，工会系统外传媒的受众应该包含工会系统内传媒的受众。工会系统内传媒主要面向职工和工会工作者，对职工维权来说，更对位。比如中华全国总工会主办的综合性报纸《工人日报》创刊于1949年，读者对象是全国广大职工和工会工作者。其办报宗旨是维护广大职工的正当权益，提高职工的社会主义觉悟和劳动积极性；加强对工业经济的宣传，指导工业建设。2010年11月，《工人日报》正式推出中央主流媒体首个《农民工专刊》，内容主要指向宣传报道农民工群体中涌现出的优秀代表和他们的成功实践，及时介绍各地、各界关心、关怀农民工的好做法和好经验，随时反映农民工的心声，引导农民工正确表达自身的主张和诉求等。在新媒体方面，中华全国总工会主管主办的中工网创办于2008年，是大型综合性中央新闻网站，以宣传报道职工、工会、企业为主。该网站在首页专设了"工会"和"维权"频道。

其次，工会系统内传媒和工会系统外传媒的生存逻辑有别。虽然二者都有商业广告收入，但工会系统内传媒相对来说并未完全市场化。全国各级工会每年都会提前下发《关于做好×年工会报刊发行工作的通知》，要求订阅《工人日报》和所在省份的工会报刊。根据全总财务制度规定，可用工会经费为工会组织、为企业和职工订阅工会报刊。此外，在工会经费不足情况下，可积极争取得到行政经费的支持。有相对固定的发行量和发行收入，再加上广告收入，会增强工会系统内传媒为自家人服务的自觉性。就职工维权来说，工会系统内传媒更容易远离企事业单位的外力影响，相关的报道可以更专业。

最后，工会系统内传媒和工会系统外传媒可以合力为职工维权。工会系统内传媒当然更了解职工的生存状况和心理状况。一些切中民众利益或情感痛点的职工报道同样也会在工会系统外传媒上得以广泛传播。其中最突出的是职工群体性事件的报道。

有研究者认为，中国工人群体性事件有两类典型：以国企工人为参与主体，主要涉及国有企业改制或下岗失业工人的生存困境，是"老"工人的"老"问题；以新生代农民工为参与主体，主要涉及工资增长或工作环境改善的利益要求，是"新"工人的"新"问题①。

在我们的问卷调查中（见第二章），结果显示70.2%的职工认为应该有"罢工"的权利，27.7%的职工有过消极怠工的经历。对停工、游行、堵塞交通等群体性事件，虽然仅7.3%的职工表示会积极参加，不支持的占41.3%，但持"不一定"态度的占51.4%。

对职工群体性事件的报道，工会系统内传媒应从事件的缘由去挖掘，而工会系统外传媒可从事件的社会影响着手。二者报道的目的却是一致的，即发现问题、解决问题。在实践中，基于维护社会稳定、保障正常的生产秩序，工会系统内传媒和工会系统外传媒都应在职工群体性事件萌芽或酝酿过程中就介入报道，以防范职工群体性事件的发生；对已发生的职工群体性事件的报道，出发点是解决问题，而不是猎奇和造势。

---

① 闻效仪. 工人群体性事件的转型与政府治理 [J]. 中国人力资源开发，2012（5）.

归根结底，在职工维权的报道中，工会系统内传媒和工会系统外传媒要有全球意识、大局意识和责任意识。

全球意识是指要关注全球（尤其是发达国家）劳工状况的变化，熟悉国外劳工 NGO 的运作模式，了解境外传媒对劳工问题（尤其是中国劳工问题）的报道；大局意识则是指报道的题材和视角除客观呈现社会现实外，还要有助于构建和谐的劳资关系，有助于中国的可持续性发展；责任意识则指要有使命感，坚持为中国职工的权利鼓与呼。

大局意识方面，正如中共中央、国务院明确要求的那样："要充分利用新闻媒体和网站，大力宣传构建和谐劳动关系的重大意义、宣传党和政府的方针政策和劳动保障法律法规、宣传构建和谐劳动关系取得的实际成效和工作经验、宣传企业关爱职工和职工奉献企业的先进典型，形成正确舆论导向和强大舆论声势，营造全社会共同关心、支持和参与构建和谐劳动关系的良好氛围"①。

责任意识方面，要加大普法宣传力度。发挥新闻媒体宣传引导和舆论监督作用，大力宣传劳动保障法律法规，依法公布典型违法案件，引导企业经营者增强依法用工、按时足额支付工资的法律意识，引导职工依法理性维权。对重点行业企业，定期开展送法上门宣讲、组织法律培训等活动。充分利用互联网、微博、微信等现代传媒手段，不断创新宣传方式，增强宣传效果。

更重要的是，大众传媒要致力于提高职工的理性能力。要实现

---

① 中共中央国务院关于构建和谐劳动关系的意见（2015 年 3 月 21 日）［N］. 人民日报，2015 - 04 - 09 日（1）.

理性能力，"主要指理智算计能力或理性算计能力。从观念与实践的交互关系上看，也属于权利意识的范畴。具备理性能力的主体，能够清晰地判断出自己的得失成败、成本收益，并在此基础上决定自己的下一步行为内容及行为方式"①。

（4）职工要提高权利意识、法治意识和媒介素养。

职工维权要实现与大众传媒的良性互动，光靠顶层设计、职工中介组织发力和大众传媒赋权是不够的，还需要职工自身通过学习、交流等手段提升自己。

正如有学者指出的那样，"劳资纠纷，与其说是中国政治制度的必然结果，毋宁说是经济重组过程中的暂时现象。事实上，随着经济的进一步发展和国家税收的增加，政府和企业所提供的服务将更加完善，工人们将会更多地通过制度化参与，而非挑战制度来释放其政治激情"②。

在我们看来，职工要进行制度化参与（包括通过大众传媒这一中介），需要提高权利意识、法治意识和媒介素养。

职工有很多渠道提高自身的权利意识和法治意识，比如听他人介绍，听专业讲座，也可以通过读书、看报、听广播、看电视或上网来实现。就提高职工的权利意识和法治意识来说，大众传媒显然责无旁贷。但前提是，职工有这样的要求。比如从我们的调查来看，用工单位几乎没有发放《劳动合同法》的，更不用说安排相关培训。

---

① 李双，高传智. 论媒介在工会维权中的作用及其实现［J］. 中国劳动关系学院学报，2010（4）.

② 〔美〕唐文方. 中国民意与公民社会（*Public Opinion and Political Change in China*）［M］. 胡赣栋，张东锋，译. 广州：中山大学出版社，2008：144.

媒体显然有责任推动相关制度的出台，职工也应主动通过多种途径获取相关知识。

此外，职工的媒介素养也很重要。1992 年，美国首届"媒介素养全国领导会议"将媒介素养定义为"一种获取、分析、评估和以多种形式传播讯息的能力"①。2003 年，美国媒介素养中心将媒介素养定义为 21 世纪的一种教育取向，它为获得、分析、评价和创作各种形态的讯息提供一个框架，媒介素养为媒介在社会中的角色提供一种理解，也为民主社会中的公民提供其所必需的质询和自我表达的根本技能②。国内有人则认为，媒介素养是指媒介受众对各种媒介信息的解读批判能力以及使用媒介信息为个人生活、社会发展所应用的能力③。而在 Web2.0 阶段，公众媒介素养的内涵则应有所扩展。有学者认为，对于公众而言，社会化媒体时代的媒介素养主要应体现在以下几方面：媒介使用素养、信息消费素养、信息生产素养、社会交往素养、社会协作素养和社会参与素养④。

因此，对中国职工来说，一方面，大众传媒是获取信息和知识的平台，同时也是信息生产、社会交往与社会参与的平台。另一方面，它们都对职工提出了挑战：信息生产、接收与传播需要提高专业性，社会交往和社会参与则需要理性。

---

① 陆晔，等. 媒介素养：理念、认知、参与 [M]. 北京：经济科学出版社，2010：52.

② 陆晔，等. 媒介素养：理念、认知、参与 [M]. 北京：经济科学出版社，2010：54.

③ 胡莹，项国雄. 传者素养：媒介素养教育的根本 [J]. 传媒观察，2005（8）.

④ 彭兰. 社会化媒体时代的三种媒介素养及其关系 [J]. 上海师范大学学报（哲学社会科学版），2013（3）.

总的说来，职工维权与大众传媒要实现真正实现良性互动，显然并不是一件易事。作为一项系统工作，它需要多方协力才能完成，而所有工作的目标指向是实现职工的"体面劳动"。"体面劳动"是国际劳工组织在 1999 年 6 月第 87 届国际劳工大会上提出的概念，这一概念随后得到各成员国的认可与接受。国际劳工组织认为，就绝大多数劳动者而言，实现"体面劳动"意味着他们有稳定的就业和知道何时拿到下一次报酬；可以在工作和家庭生活获得平衡；有足够、公平、公正的报酬，能够同工同酬；可以获得疾病、意外事故、失业和养老方面的保障；有安全和卫生的工作场所；有培训和学习的机会以开发自己的技能和发展自己的事业；有权要求在工作场所有自己的代表并享有基本的人权①。

"体面劳动"的概念也写进了联合国 2030 年可持续发展的目标，即促进持久性的、包容性的和可持续性的经济增长，促进充分的生产性就业和体面劳动。

2013 年 4 月 28 日上午，国家主席习近平来到全国总工会机关，看望全国各条战线、各行各业、各个时期的劳动模范代表。期间，习主席详细阐述了自己的思考，"全社会都要贯彻尊重劳动、尊重知识、尊重人才、尊重创造的重大方针，维护和发展劳动者的利益，保障劳动者的权利。要坚持社会公平正义，排除阻碍劳动者参与发展、分享发展成果的障碍，努力让劳动者实现体面劳动、全面

---

① 周畅，等. 非标准工作与体面劳动：数据化带来的劳动问题与政府对策［J］. 中国人力资源开发，2017（8）.

发展。"①

维护职工权益与"体面劳动"互为因果：只有职工的合法权益得到保障，才谈得上"体面劳动"；实现了"体面劳动"，职工权益自然就落实了。在这一过程中，大众传媒当然责无旁贷，即令它们在社会生态系统中不是决定性的力量，但在外力赋权的谱系里却有着不可替代的作用。

---

① 中华全国总工会主管，中华全国总工会办公厅．中国工会年鉴（2007）[M]．北京：中国工会年鉴编辑部，2007．

附录 本书内容中已经发表的成果目录

1. 张玉洪. 职工权利议题的电视媒体呈现——以央视和凤凰卫视的相关报道为例 [J]. 中国劳动关系学院学报, 2015 (6).

2. 张玉洪. 维护劳工权益, 传媒何为？——对五个青年工人代表的同题访谈 [J]. 中国工人, 2015 (6).

3. 张玉洪. 研究中国职工权利的多重视角——基于中外相关论述 [J]. 天津市工会管理干部学院学报, 2016 (1). （人大复印资料《工会工作》2016 年第 3 期全文转载）

4. 张玉洪. 舞台与局限：职工权益议题的互联网呈现与动员机制 [J]. 中国劳动关系学院学报, 2016 (4).

5. 张玉洪. 职工权利与报纸报道：现状与问题——基于 731 篇新闻报道的实证分析 [J]. 天津市工会管理干部学院学报, 2016 (4). （人大复印资料《工会工作》2017 年第 2 期全文转载）

6. 张玉洪. 中国职工权利状况、维权意识与媒介选择——基于全国 1019 份问卷调查和深度访谈 [J]. 中国劳动关系学院学报, 2019 (1).

参考文献

（一）普通图书

1. 英文图书：

［1］Anthony Woodiwiss. *Globalization：Human Rights and Labour Law in Pacific Asia* ［M］. Cambridge University Press，1998.

［2］Kimberly A. Neuendorf. *The Content Analysis Guide book* ［M］. London：Sage，2002.

［3］Lee Ching Kwan. *Pathways of Labour Insurgency，Chinese Society，Change. Conflict and Resistance* ［M］. ed. Elizabeth J. Perry and Mark Selden. London：Routledge，2000.

［4］Lee Ching Kwan. *Is Labor a Political Force in China? Grassroots Political Reform in Contemporary China* ［M］. ed. Elizabeth J. Perry. Harvard University Press，2007.

［5］Mary E. Gallagher. *Labor Legal Aid in the PRC，Grassroots Political Reform in Contemporary China* ［M］. ed. Elizabeth J. Perry.

Harvard University Press，2007.

［6］*Representation*：*Cultural Representations and Signifying Practices*［M］（Culture，Media and Identities series）. ed. Stuart Hall. London：Sage，1997.

［7］Stanislaw Ossowski. *Class Structure in the Social Consciousness*［M］. New York：The Free Press of Glencoe，1963.

［8］Tim Pringle. *Trade Unions in China*：*The challenge of labour unrest*［M］. London：Routledge，2011.

［9］*Working Classes*，*Global Realities*［M］，ed. Leo Panitch. London：Merlin Press，2000.

2. 中文图书

译著

［1］〔英〕安德鲁·查德威克. 互联网政治学：国家、公民与新传播技术［M］. 任孟山，译. 北京：华夏出版社，2010.

［2］丹尼斯·麦奎尔. 受众分析［M］. 刘燕南，等译. 北京：中国人民大学出版社，2006.

［3］丹尼斯·麦奎尔. 大众传播理论［M］. 崔保国，等译. 北京：清华大学出版社，2006.

［4］〔美〕理查德·B. 弗里曼，詹姆斯·L. 梅多夫. 工会是做什么的：美国的经验［M］. 陈耀波，译. 北京：北京大学出版社，2011.

［5］〔英〕理查德. 斯凯思. 阶级［M］. 雷玉琼，译. 长春：吉林人民出版社，2005.

〔6〕马克思. 雇佣劳动与资本〔M〕//马克思，恩格斯. 马克思恩格斯选集：第1卷〔M〕. 北京：人民出版社，1972.

〔7〕马克斯·韦伯. 经济与社会（下卷）〔M〕. 林荣远，译. 北京：商务印书馆，1997.

〔8〕Norman Solomon, Martin. A. Lee. 不可靠的新闻来源：透视新闻真相（*A Guide to detecting Bias in News Media*）〔M〕. 杨月荪，译. 台北：正中书局，1995.

〔9〕〔美〕西德尼·塔罗. 运动中的力量：社会运动斗争政治〔M〕. 吴庆宏，译. 南京：译林出版社，2005.

〔10〕〔英〕詹姆斯·柯兰，等. 互联网的误读〔M〕. 何道宽，译. 北京：中国人民大学出版社. 2014.

中文原著

〔1〕边燕杰. 市场转型与社会分层——美国社会学者分析中国〔M〕. 北京：生活·读书·新知三联书店，2002.

〔2〕邓小平. 邓小平文选（第3卷）〔M〕. 北京：人民出版社，1993.

〔3〕《当代中国》丛书编辑部. 当代中国工人阶级和工会运动〔M〕. 北京：当代中国出版社，1997.

〔4〕陈力丹. 新闻理论十讲〔M〕. 上海：复旦大学出版社，2008.

〔5〕崔保国. 2011年：中国传媒产业发展报告〔M〕. 北京：社会科学文献出版社，2011.

〔6〕李培林. 中国新时期阶级阶层报告〔M〕. 沈阳：辽宁人民

出版社，1995.

　　[7] 柳可白，等. 当代工人阶级地位与作用 [M]. 北京：中国工人出版社，2007.

　　[8] 陆学艺，等. 2005：中国社会形势分析与预测 [M]. 北京：社会科学文献出版社，2004.

　　[9] 陆学艺. 当代中国社会阶层研究报告 [M]. 北京：社会科学文献出版社，2002.

　　[10] 费孝通. 乡土中国 [M]. 北京：北京大学出版社，1998.

　　[11] 郭庆光. 传播学教程 [M]. 北京：中国人民大学出版社，1999.

　　[12] 梁漱溟. 中国文化要义 [M]. 北京：生活·读书·新知三联书店，1987.

　　[13] 黄岩. 全球化与中国劳动政治的转型：来自华南地区的观察 [M]. 上海：上海人民出版社，2011.

　　[14] 国家统计局人口与就业统计司. 中国劳动统计鉴（1994—2005）[M]. 北京：中国统计出版社，2006.

　　[15] 国务院研究室课题组. 中国农民工调研报告 [M]. 北京：中国言实出版社，2006.

　　[16] 彭增军. 媒介内容分析法 [M]. 北京：中国人民大学出版社，2012.

　　[17] 邱林川. 信息时代的世界工厂：新工人阶级的网络社会 [M]. 桂林：广西师范大学出版社，2013.

　　[18] 许纪霖. 知识分子论丛：第一辑 [M]. 南京：江苏人民

出版社，2003.

［19］杨国斌. 连线力：中国网民在行动［M］. 邓艳华，译.
桂林：广西师范大学出版社，2013.

［20］杨雪冬. 全球化：西方理论前沿［M］. 北京：社会科学
文献出版社，2002.

［21］喻国明. 拐点中的传媒抉择［M］. 北京：中国经济出版
社，2007.

［22］于建嵘. 抗争性政治：中国政治社会学基本问题［M］.
北京：人民出版社，2010.

［23］于建嵘. 安源实录——一个阶级的光荣与梦想［M］. 南
京：江苏人民出版社，2011.

［24］赵鼎新. 社会与政治运动讲义［M］. 北京：社会科学文
献出版社，2006.

［25］郑杭生. 中国社会结构变化趋势研究［M］. 北京：中国
人民大学出版社，2004.

［26］中共中央党史研究室. 中华人民共和国大事记（1949 年
10 月—2009 年 9 月）［M］. 北京：新华出版社，2009.

［27］中华全国总工会主管，中华全国总工会办公厅. 中国工会
年鉴（2007）［M］. 北京：中国工会年鉴编辑部，2007.

［28］中国工人报刊协会. 论维权特色，谈改革发展［M］. 北
京：中国工人出版社，2002.

［29］中华全国总工会. 走向社会主义市场经济的中国工人阶级
——1992 年全国工人阶级队伍状况调查文献资料集［G］. 北京：中

国工人出版社，1993.

　　[30] 中华全国总工会. 中国职工队伍状况调查：1986 [M].
北京：工人出版社，1987.

　　[31] 中国工运学院工会学系. 向市场过渡中的工会工作 [M].
北京：中国大百科全书出版社，1993.

　　[32] 朱羽君，高传智. 瞭望之路——中国广播电视新闻改革课
题报告 [M]. 北京：中国传媒大学出版社，2008.

　　[33] 汪晖. 去政治化的政治：短 20 世纪的终结与 90 年代
[M]. 北京：生活·读书·新知三联书店，2008.

　　[34] 王江松. 当代工人阶级与工会新论 [M]. 北京：中国物
价出版社，2002.

　　[35] 王来华. 舆情研究概论：理论、方法和现实热点 [M].
天津：天津社会科学出版社，2005.

（二）期刊论文

1. 英文期刊论文

　　[1] Lee Ching Kwan. *From Organized Dependence to Disorganized
Despotism*：*Changing Labour Regimes in Chinese Factories* [J]. The Chi-
na Quarterly，1999，157.

　　[2] Janice R. Fine. *New Forms to Settle Old Scores*：*Updating the
Worker Centre Story in the United States* [J]. Relations Industrielles / In-
dustrial Relations，2011. 66 （4）：604 - 630.

　　[3] Peter Ranis. *Argentine Worker Cooperatives In Civil Society*：*A*

Challenge To Capital – Labor Relations〔J〕. Working USA. The Journal of Labor and Society, 2010, March 1.

2. 中文期刊论文

〔1〕安戈，陈佩华. 中国、组合主义及东亚模式〔J〕. 战略与管理，2001（1）.

〔2〕柏宁湘，崔志鹰. 部分工会报刊为什么不受欢迎？〔J〕. 新闻记者，1990（10）.

〔3〕蔡虹. 工人报舆论监督的定位〔J〕. 新闻界，2000（5）.

〔4〕陈佩华. 革命乎？组合主义乎？——后毛泽东时期的工会和工人运动〔J〕. 当代中国研究，1994（4）.

〔5〕陈峰. 在国家与劳工之间：市场经济下中国工会的角色冲突〔J〕. 中国季刊，2003（4）.

〔6〕丁秀胤，范晓中. 职工维权的媒体表达〔J〕. 新闻三昧，2007（Z1）.

〔7〕董宽. 传媒歧视遮蔽利益诉求——透视中国农民工群体的媒介表达〔J〕. 新闻三昧，2006（12）.

〔8〕范瑞先. 工人日报维权报道的特色〔J〕. 新闻三昧，2007（1）.

〔9〕冯同庆. 工人阶级内部阶层关系的变化与工人阶层的地位〔J〕. 工会理论与实践（中国工运学院学报），1997（3）.

〔10〕冯同庆. 1992—1993：中国职工状况的分析与预测——对5万名职工的问卷调查. 社会学研究〔J〕，1993（3）.

〔11〕冯同庆. 劳动冲突难解之结〔J〕，中国改革，2010（8）.

［12］张朝晖．当代中国工人阶级队伍变化的特点及其影响［J］．当代世界社会主义问题，2004（3）．

［13］复旦大学新闻学院"上海工人与新闻媒介"课题组．受众调查：上海工人与新闻媒介［J］．新闻大学，1994（3）．

［14］胡俊．对当前利益调整中工人阶级地位评价的社会学思考［J］．中共宁波市委党校学报，2000（6）．

［15］姜芳．中国工人阶级结构变化的历史沿革及原因［J］．大连海事大学学报（社会科学版），2009（6）．

［16］康晓光，韩恒．分类治理：当前中国大陆国家与社会关系研究［J］．社会学研究，2005（6）．

［17］李强．关于中产阶级和中间阶层［J］．中国人民大学学报，2001（2）．

［18］李宁．新生代农民工媒介使用情况调查［J］．新闻爱好者，2011（10）．

［19］李艳红：一个"差异人群"的群体素描与社会身份建构：当代城市报纸对"农民工"新闻报道的叙事分析［J］．新闻与传播研究，2006（2）．

［20］李艳红．新闻报道常规与弱势社群的公共表达——广州城市报纸（2000—2002）对"农民工"报道的量化分析［J］．中山大学学报（社会科学版），2007（2）．

［21］林燕玲．中国工人权利意识的发育状况及其原因分析［J］．中国劳动关系学院学报，2010（4）．

［22］刘建洲．传统产业工人阶级的"消解"与"再形成"

［J］. 人文杂志，2009（6）.

［23］刘丽杭. 当代中国工人阶级的群体分化与利益整合［J］. 社会主义研究，2002（3）.

［24］刘燕南. 受众分析：解读与思考［J］. 现代传播，2006（1）.

［25］刘欣. 相对剥夺地位与阶层认知［J］. 社会学研究，2002（1）.

［26］刘元文. 工会组织变革与形象塑造［J］. 中国劳动关系学院学报，2005（3）.

［27］吕新雨. 《铁西区》：历史与阶级意识［J］. 读书，2004（1）.

［28］潘忠党. 新闻改革与新闻体制的改造——我国新闻改革实践的传播社会学之探讨［J］. 新闻与传播研究，1997（3）.

［29］全总全国职工队伍状况调查办公室. 第五次全国职工队伍状况调查统计数据分析报告［J］. 工运研究，2005（3）.

［30］苏林森. 大众媒介对职工影响的现状与问题［J］. 中国劳动关系学院学报，2011（4）.

［31］苏林森. 工人群体的媒介形象与话语表达——基于《人民日报》和《华西都市报》工人报道的内容分析［J］. 中国劳动关系学院学报，2012（4）.

［32］苏林森. 被再现的他者：中国工人群体的媒介形象［J］. 国际新闻界，2013（8）.

［33］屠小华. 论工人报刊在协调劳动关系中的角色与作为

[J]. 中国劳动关系学院学报，2010（6）.

[34] 王慧民. 工人阶级内部结构的变化与劳动关系矛盾的协调 [J]. 北京市总工会职工大学学报，2001（4）.

[35] 王向民. 工人成熟与社会法团主义：中国工会的转型研究 [J]. 经济社会体制比较，2008（4）.

[36] 王中云. 江西省会报纸受众市场培育问题与对策 [J]. 江西财经大学学报，2004（3）.

[37] 夏倩芳，景义新. 社会转型与工人群体的媒介表达——《工人日报》1979—2008. 工人议题报道之分析 [J]. 新闻与传播评论，2008.

[38] 肖雨璇，谢玉华. 媒介报道对劳动关系观察重点的演变——以《工人日报》为例 [J]. 社会科学家，2010（4）.

[39] 杨英新，仝文瑶. 寻找"世纪迁徙"中的数字路——农民工媒介素养教育前瞻 [J]. 中国劳动关系学院学报，2010（5）.

[40] 于建嵘. 中国工人现况分析 [J]. 同舟共进，2010（8）.

[41] 郑素侠. 在农民工媒介素养现状调查与分析——基于河南省郑州市的调查. 现代传播 [J]，2010（10）.

[42] 张菲，陆卫明. 当代我国工人阶级结构变化分析 [J]. 理论导刊，2002（7）.

[43] 张静. "法团主义"模式下的工会角色 [J]. 工会理论与实践，2001（1）.

（三）学位论文

[1] 沈亚英. 人民日报农民工报道研究（1988—2006）[D].

西安：西北大学，2007.

　　［2］孙丽君. 被言说的他者——社会哲学视野下中国媒体中的工人形象［D］. 桂林：广西师范大学，2008.

　　［3］李月起. 城乡统筹背景下农民工媒介形象研究——以重庆日报、南方周末、华西都市报为例［D］. 重庆：重庆工商大学，2011.

　　［4］周小游. 人民日报新生代农民工媒介形象研究［D］. 湘潭：湘潭大学，2013.

后 记

这是我在中国大陆出版的第一本专著。

本书历时五年，要感谢的人很多。

感谢中华全国总工会李睿祎的无私帮助。感谢帮助我发放和回收调查问卷的同学和亲朋好友。他们是上影集团马伟根、易磊，西安第四医院罗亚萍、北京中文在线陈燕、北京新闻广播连新元、重庆国联通信器材段昌群王建夫妇、重庆电车保修厂钱勇、重庆太极集团林静、重庆璧山区马坊小学黄世海、陕西出版传媒王延河、大唐集团韩城电厂叶胜辉、武汉钢铁集团余俊、辽沈晚报韩宇、广东煤炭地质局张曙、申通快递小卢。还有南通的王兴华、成都的潘宇星、杜朝琴，长沙的彭杨、沈阳的王奕、深圳的张丽秀、北京的程惊涛、刘霞、段永赓，上海的杨念勇，以及福州、厦门和泉州的朋友。

名单再长，也难免挂一漏万。感谢一千多位填写问卷的朋友！

感谢接受我访谈的职工代表、记者和专家。本素昧平生，乐于分享，实属基于一颗善良而公益的心。

感谢我的前同事苏林森参与指导学生何已派、肖路、胡辰和陈伟佳，他们对报纸报道的内容分析付出了辛勤劳动。

感谢我的学生盛毅韬、孙璐、王朋飞，没有他们，职工问卷调查的数据就不能科学、有效地整理、提炼。这些基础性的工作，繁杂而琐碎，三个学生在硕士研究生学习之余，倾注心力，成人之好。此等功劳，物质不足以答谢。

感谢国家留学基金委的资助，使我得以访学英伦（2013.10—2014.11），从而拓宽了我的视野，深化了我的研究。感谢台湾政治大学国关中心给予我蹲点研究的机会。

最后，感谢中国劳动关系学院科研处的同事们。无论是在项目立项，经费报销，还是出版资助方面，无私帮助多多，感念在此，定不忘。

谢谢光明日报出版社的赏识。希望这本虽用心却难说完美的拙著，能给管理者、研究者、普通职工带来收获。

一直记得做问卷调查时，有答问者问：填了问卷有啥用？能改变现状吗？但愿本书的一些浅见及可能的影响不会令他们失望。

张玉洪

2019 年 3 月 20 日于北京松风斋